U0112010

大展好書　好書大展

品嘗好書　冠群可期

大展好書　好書大展
品嘗好書　冠群可期

鑑往知來 10

『鬼谷子』給現代人的啟示

陳義 主編

大展出版社有限公司

前言

《鬼谷子》一書的主人翁眾說紛紜，大體上可歸類為二：

一說，此書乃蘇秦就自己所實踐的外交謀略彙集之後，並以虛構的人物「鬼谷子」來烘托其神秘性。

一說，為周陽城之士王栩，潛居鬼谷，能通天徹地，不但精日星象緯且博兵學，更善遊學、修養心性。其藉鬼谷棲身，偶爾入市為人占卜，所言皆應驗如神；慕名者眾，然先生擇人甚嚴，資質平庸者不得入其門。其弟子中以擅長兵法的孫臏、龐涓及善遊說的張儀、蘇秦最著名。

蘇秦自離谷後，發揚其遊說之說，欲結六國以孤秦勢，未料，終因反覆不忠而被暗殺於齊國。

史官記載：

季子周人，師事鬼谷；揣摩既就，陰符伏讀；

合從離橫，佩印者六；晚節不終，燕齊反覆。

《鬼谷子》自古以來被世人視為情報參謀工作者所不可或缺的典籍，這是不可否認的事實；尤其在今日經濟掛帥以情報、資訊為主流的時代，愈來愈多人視企業為「經濟戰爭」，無形中，人與人之間、公司與公司之間、國與國之間，刺探機密與打擊士氣之事層出不窮。

德國史學家、社會政治家施賓格勒，曾高度評價鬼谷子的智謀，並且強調它在當今國際激烈競爭中的借鏡。被稱為當代縱橫家的美國前國務卿季辛吉，也稱讚施賓格勒的觀點。

在人類腳步日形急促，科學知識一日千里，情報需求日益迫切的情況下，鬼谷子受人重視的程度也日益增加。古代兵書的策畫、運營和人際關係等方面的實用都有啟迪作用。

目錄

緒論　鬼谷子其人

一、鬼谷子的時代背景

《鬼谷子》一書著於戰國時代（西元前四七五～前二二一），乃當時著名的遊說之士蘇秦，就自己實行外交謀略之心得，加以整理編纂而成，堪稱國際謀略的開宗始祖。更由於假借「鬼谷子」這個架空的人物為著作者，使這部書憑添無限神秘色彩，因而提高本書的權威性。例如「揣摩臆測」、「權謀術數」等至今仍被廣泛使用的成語，即出自這部《鬼谷子》。

蘇秦（?～西元前三一七年）出生於洛陽一個貧窮的庶民之家，自稱學謀略於鬼谷子門下，嫻於外交事務。因此，他仗著一套連橫之策前往秦國，希望能見用於秦王，可惜，經過十數次的進言遊說，始終不為秦惠王所用。這次的失敗，只能怪他學藝不精，未曾先揣摩秦惠王的心理，而強行遊說所致。

長期滯留秦國而一事無成，終於使他囊空金盡，無法度日。歷盡千辛萬苦，好不容易回到故鄉洛陽，復因他的狼狽模樣，受盡鄉人奚落，連妻子家人都不理睬他。於是，他很感歎地說道：

「妻不以我為夫，嫂不以我為叔，父母不以我為子，是皆秦之罪也。」

他又想：「連橫者，秦固有之國策，奈何不見用？」於是發憤苦讀。

從此，蘇秦埋首鑽研，不捨晝夜，為驅逐睡魔，甚至以錐刺股。一年之後，終於精通太公兵法，倡導「合縱之策」，獨創無往不利的遊說之術「揣摩」。

蘇秦首先試行遊說趙王成功，被封為武安君，並授以宰相之職。這時，他判斷秦國必行連橫之策，為避免秦國連橫成功，必須立即遊說各國，率先完成合縱不可。

於是，徵得趙王的同意，以蘇秦為特使，率領大批使者，帶著無數金銀財寶，前往各國進行遊說，終於破壞秦國的連橫之策，順利完成合縱。在蘇秦擔任趙國宰相數年之間，號稱國富兵強的秦國，始終不敢東出函谷關攻打六國。

某日，蘇秦遊說楚成功，欲返趙述職，路過洛陽。

這時，鄉人對他的態度大異以往：

「周顯王聞之，恐懼除道，使人效勞。蘇秦之昆弟妻嫂，側目不敢仰視，俯伏侍取食。蘇秦笑謂其嫂曰：『何前倨而後恭地？』嫂委蛇蒲服，以面掩地而謝曰：『見季子位高金多也。』」因此，蘇秦慨然而歎，深感權勢之重要，不容忽視，並大悟須為一流說客，始得如此待遇。」

「揣摩之術」是蘇秦的得意發明。所謂揣摩，就是讓自己站在對方的立場，揣測對方的心理。捉摸到對方心理之後，再運用威脅利誘的手段，掌握人心理弱點，進行說服工作。

蘇秦原來不過是洛陽的一個窮書生，後來所以能一躍而為趙國宰相，進而登上國際政治舞台，成為左右國際政勢的大政治家，所憑藉的，就是這一套掌握心理的「揣摩之術」。後來，蘇秦將他遊說各國的心得著錄成冊，即是《鬼谷子》一書。

蘇秦雖然身佩六國相印，主宰六國合縱以制強秦，仍未逃過「說法者恆溺於法」的策士命運，在西元前三一七年，被暗殺於齊國。

二、鬼谷子的主張

《鬼谷子》一書，事實上就是蘇秦以戰國七雄為對象，進行連橫與合縱之策的遊說經驗。並加以整理充實，變成一部根據外交心理學，進行國際外交的謀略之書，內容包括：捭闔、反應、內揵、抵巇、飛箝、忤合、揣篇、摩篇、權篇、謀篇、決篇、符言等十二篇，外加本經陰符七篇及持樞、中經二篇，凡二十一篇。

《鬼谷子》一書的中心思想，一言以蔽之，就是「揣摩」。最初，蘇秦就是因不能善用揣摩之術，才遊說秦王失敗，嚐到了刻骨銘心的落魄經驗。

蘇秦的遊說之術裡，「反應」是揣摩的必要手段，而「權謀」則是揣摩成功後的必然結果。其餘捭闔、內揵、抵巇、飛箝、忤合、決篇等，均是用以解釋「權謀」的，比較容易理解。

自古以來，中國人就善於修飾文章，尤其好做文字遊戲，蘇秦也一樣。他認為好的文章能製造效果，幫他完成目的。因此，他刻意在書中使用許多難解的字句，使自己的學說神秘化，以建立其權威性。

此外，又虛構一個人物——「鬼谷子」為這本書的作者。

若刪除《鬼谷子》一書中的虛飾文字，它的內容就變成簡單明瞭的「揣摩」與「權謀」而已。

但由於文字產生的錯覺，使我們獲得的印象，與它的本來面目大相逕庭，例如，我們將「臆測」附加於「揣摩」的意義上，解釋成「任意想像、猜測」；將「術數」附加於「權謀」之上，而將意義轉變為「種種騙人的陰謀」。

從古書上的記載看來，春秋戰國時代的許多遊說之士或縱橫家之流，是常有這一類的言行表現，但我們試觀察一下蘇秦的實際表現，就會發現事實並非如我們所想像的那樣。這或許是蘇秦過份強調文字遊戲所帶來的反效果，致使後人對他的學說發生誤解。

所謂「揣摩」，乃是運用具體方法，對一般情勢，或對方的心理狀態進行判斷；「權謀」，則是以揣摩的結果為基礎，進而選擇一種適當手段的合理思考方式。

今本《鬼谷子》第五章「飛箝」及第十二章「符言」以下，據判斷內容與原本《鬼谷子》有異，疑是後人所加。因此，本書第三篇「鬼谷子實務」部份，將「本經陰符七篇」、「持樞」、「中經」各篇省略。

又為使讀者容易理解起見，在敘述中以「開閉」代替「捭闔」一辭，以「虛隙」代替「抵巇」，以「反合」代替「忤合」。

其實，《鬼谷子》可說是一部「治人兵法」。《孫子兵法》中所謂「知己知彼，勝乃不殆；知天知地，勝乃可全。」與鬼谷子書中的主要精神，實有異曲同工之妙；不同之處，只是它是純就人類心理層面做分析判斷，沒有討論到武力行為。

圖1　春秋時代的群雄割據

圖2　戰國時代的七雄

三、春秋戰國時代

西元前一一二二年，武王伐紂建立周朝，四百年後，以富強著稱的周王朝已無力統服四方諸侯，形成政治紛亂的春秋時代。又經過三三〇年，直到西元前二五六年秦始皇統一天下，這段期間，史家稱之為「春秋戰國時代」。這是根據孔子所者《春秋》一書，將前期的二九四年（西元前七七〇～前四七六年）稱為「春秋時代」，據劉向所編《戰國策》一書，把後期的二五四年（西元前四七六年～前二二一年）稱為「戰國時代」。

春秋時代的周王朝，政治統治力已經完全崩壞，僅是統治一方的地方政府形態。四方諸侯實力逐漸增強，各以獨立國家的姿態互相爭霸。弱肉強食的結果，原有的一百四十多個國家，合併為十餘個國家。而各諸侯國中，統治權也一樣不穩固，實權大多旁落到家臣或貴族手中。

到戰國時代，又經歷一番政權弱肉強食的爭霸局面，弱小國家再度被吞併，產生韓、魏、趙、齊四個新興國，與舊有的三大強國秦、楚、燕合稱「戰國七雄」，這七個強權之間，為鞏固國權又各自發展富國強兵之道。

戰國七雄中，秦的國勢最強，秦王以強大的國力為後盾，並巧妙運用權謀術數，終於將六國一一征服，於西元前二二一年統一天下。

四、合縱之策

這個策略是戰國策士蘇秦所倡導，他認為：「各小國若不組織聯合陣線，共同防衛，將無以抵抗強秦的侵略。」基於這種觀點，乃對各國逐一進行說服。

蘇秦的第一個目標是中立的齊國。

「所謂一山不容二虎，貴國與秦並稱當代雙雄，其勢不能兩立。一旦貴國強盛，則秦國隨之衰弱；同理，一旦秦國強盛，貴國也會隨之衰弱。因此，貴國與秦勢必決一死

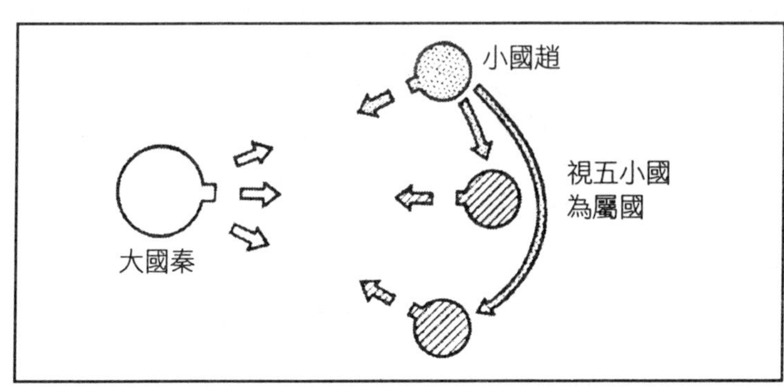

圖3　合縱

戰。」

「齊、秦兩國既然無法避免一場大戰，何不聯合其他小國，集各國之力共同抗秦？只要貴國堅定信念，秦國雖強，必不敵六國協力。」

「倘若貴國不採合縱之策，而結交秦國加入連橫，結果必是將國土獻與秦國，自甘割地稱臣。反之，若貴國採合縱之策，聯合諸小國以抗秦，各國必以齊為領袖，甘心獻土納項。由此觀之，連橫則貴國必有所失，合縱則必有所得，利害得失甚明。因此，奉勸貴國，及早成立合縱陣線，以免秦國連橫之策先行成立，危及貴國及諸小國之安全。」

接著，蘇秦又向諸小國進行遊說：

「貴國面臨強秦之侵略，情勢之危急，有如風前燭火，隨時可能被消滅。如今，唯一求亡圖存之道，就是立刻與友邦組成聯盟，共同抗秦。小國雖弱，若能團結

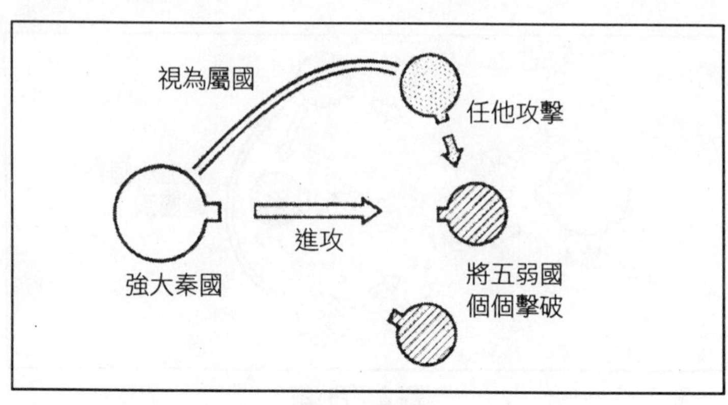

圖4 連橫

一心，仍足以與大國相抗衡。反之，若加入連橫，則必須獻土以授庇於秦，結果是削弱自己以壯大敵國。既然要獻納土地，何不乾脆獻給合縱的領導者齊國，以壯大同盟國的勢力呢？」

五、連橫之策

連橫之策（圖四）的首倡者也是蘇秦，只因當時蘇秦還未悟通遊說之術，秦惠王不為所動，直到張儀再度進言時，才使惠王接受連橫之策。

以現代的說法，連橫就是各個擊破。合縱是聯合所有小國，一起抗拒共敵秦國。連橫恰與合縱相反，它是由秦國與各小國分別結盟，瓦解六國的統一戰線，使抗秦的勢力大為削減，再促使各小國互相攻伐，而秦國則坐收漁翁之利，將它們一一吞併。

張儀以秦王特使的身分，首先對諸小國的領導者齊國——進行說服，促使齊國向秦稱臣。張儀的理論根據有二：

一、齊國若不及早與秦結盟，危險將迅速降臨。假如齊國不與秦結盟，則秦國就要先與近鄰韓、魏結盟，然後三國聯合攻齊。韓、魏一向覬覦齊的領土，如果齊與秦結盟，自然能打消韓、魏的野心。

二、小國與大國交戰，勝算過小，即使獲勝，所付的代價也過於龐大。舉例說，一小國戰力為十，某大國戰力為一百，兩次交戰皆為小國獲勝，每次小國損失為五，大國損失為十，兩次交戰之後，兩國戰力各為零與八十。因此，小國雖勝猶敗，因其戰勝的代價是亡國。

此外，不只是秦在倡導連橫，也有小國主動提議連橫，他們自動歸附於大國，目的是想藉大國之力，以侵略鄰近小國，擴張自己的勢力。然而，這種策略相當冒險，很可能在達到目的之前，已先被大國吞併。即使如願以償地攻略鄰近小國，也終必成為大國吞併的最後目標。

可是，那些具有政治野心的小國權臣，基於自己的政治利益，必定與大國暗中勾結，為討取大國歡心而慫恿國君納土結盟，進而協助大國攻打鄰國。最後，這些權臣再藉盟主國的勢力放逐本國國君，篡位自立，成為大國操縱下的傀儡政權。

以現在的觀點來看，那些誤信連橫的小國，似乎過於天真，但是，就當時的現實情況觀之，卻也無可厚非。

＊助他國強盛等於自速滅亡。（馬基維利）

＊切勿借助強國之力。（馬基維利）

＊協助強國消滅弱國，自己亦將是其次一目標。（馬基維利）

＊因缺乏果斷力而中立的君主，必導致國家滅亡。（馬基維利）

六、將平凡的原理做非凡的運用

簡單地說，《鬼谷子》一書的內容，只是在反覆說明「交涉時，儘量使出一切手段去分析對方心理，得到正確判斷之後，再選擇適當的時機，做最適宜的處置。」

再說得更簡潔些，就是「因人說法」。因此，這看似複雜的遊說術，其實是出自一極單純的原理。

蘇秦在遊說術上歷經多次失敗，花費數年工夫一再研究修正，沒想到，最後得出的結論，居然平凡得令人吃驚。相信他自己面對這樣的結果，必然也忍不住要啞然失笑。回想當初謁見秦王時的悲慘經驗，再想想以趙王特使身份，率領大隊使者，帶著無數財貨，前往各國遊說，終於完成合縱之策的輝煌成就，蘇秦不禁感慨萬千，原來，真理竟是如此單純而又平凡。然而，它的單純與平凡，卻掩飾其它的真實價值，致使人們沒有給予它應得的重視。

除非具有蘇秦那種思索經驗，一般人通常無法體會平凡與單純所具的意義，必然也會和他過去一樣，對之棄若敝屣，不屑一顧。為了引起人們的重視，於是，蘇秦就使平凡單純的辦法，變得深奧玄妙。

他首先以子虛烏有的人物——鬼谷子作為書名，奠定這本書的神秘基礎，再以優美的文辭，深奧難解的字句，將真理送入迷宮。也就是說，蘇秦刻意使他的文章變得深奧難懂，以增加其神秘性。

由於是兩千年前寫的文章，再加以蘇秦的刻意經營，這本書的難解可想而知。

但是，我們也不可被該書的神秘性與文學所迷惑，除卻文句的考據解釋外，最重要的，就是單刀直入地深入問題重心，抓住蘇秦所真正想要表達的意義。

第一篇

鬼谷子實務

第一章 開閉（捭闔）

——外交上的謀略，與戰場上的戰略一樣，必須洞察機先，在進退上做巧妙運用。

由於人類心理的微妙變化，世界上沒有任何人的才能與性格，是完全一樣的。外界的情勢擾攘不安，各國的勢力消長不定，面對這種情況，必須使自己的心境處於一片空無之中，再以敏銳的觀察力探討一切現象的變化，從觀察之中獲取結論，然後，方可對一切戰略運用自如，進退之間得到最佳效果。亦即正確的狀況判斷、勇氣與決心、戰術上的奇正運用、權謀術數等，都包括在活用策略的範圍之中。

「捭闔」一詞，字面上的解釋就是「開閉」，此外，也含有陰陽、柔剛、弛張、短長、賢不肖、智愚、勇怯、進退、攻防、貴賤等意思。

所謂「開」，就是敞開心胸發表意見，再進一步，則是採取積極行動的意思。所謂

「閉」，就是緊閉心扉保持沉默，或在行動上表現消極、停頓不前的意思。此外，吸收別人的意見，化為己有，或拒絕對方的發言與遊說，都屬於捭闔之術。

開閉之間，必須講究陰陽之判，善用策略以資配合。所謂陰陽之判，就是積極與消極的抉擇，陽是追求幸福，陰就是逃避不幸。

開閉就是順應陰陽之理，以決定行動或閉藏。換言之，遇到強硬對手時，不妨儘量擺出高姿態，而面對軟弱的對手時，就應改採低姿態，亦即「遇弱則弱，遇強則強」的意思。把握這個要點，採取行動時自然能做到恰到好處，足以說服任何人、任何國家，乃至說服全天下。

聖人對內處理小事，對外應付大事，都能順應陰陽之理，因此，能做到至允至中。陽是活動前進，陰是靜止退守。

陽發展到極點變成陰，陰發展到極點又轉為陽。如果以陽採取行動能獲利，則以陰歸於靜止就能獲安定。以陽對陰時，以利誘之，以陰對陽時，則以力鎮之。這種陰陽的對應，就叫「開閉」。

開閉是以天地陰陽之理為準則，乃說服人的最高境界，萬世不移的高明手段。若能掌握開閉之理，就等於掌握天地門戶之鑰。

1. 福克蘭群島事件

以二十多年前的福克蘭群島事件為例，英國與阿根廷的表現都相當差勁。

英國出兵南大西洋，最大的錯誤就是政治與軍事不能配合。在軍事上，英國艦隊似乎是採閃電戰術，以迅雷不及掩耳的速度直驅福克蘭群島。然而，在政治上的進展卻不若軍事行動果斷，一直在外交交涉上兜圈子，始終不肯下決心採取軍事行動。因此，英國艦隊雖然早就抵達福島附近，卻不得不開往喬治亞島。

如果英國首相佘契爾夫人的幕僚中，有一位如孫子般的大軍事家，必會發動艦隊，全力向福島進攻。可惜，英國艦隊大老遠趕到福島，居然只是虛張聲勢，採取以靜制動的戰略。

如果阿根廷總統賈蒂瑞的幕僚中，有一位如鬼谷子般的大戰略家，必然會在英國艦隊開抵前，立刻下令福島守軍撤退，採取「你來我跑，你走我來」的戰略。因為英國本土遙遠，無法留下大軍防守，英軍一走，阿根廷不耗一兵一卒，依然能佔有福島。如此反覆兩、三次之後，英軍自然不堪其擾，自願放棄。

可惜，英阿兩國都缺乏孫子、鬼谷子之流的大戰略家，該戰不戰，應退不退，竟演成無法收拾的僵局。直到這時，兩國才想起馬基維利的格言：「不願接受和平提案者必成弱國。」

2. 泥魚戰術

「泥魚」是我國古書中所記載的一種魚類。一般魚類都是棲息在水中，藉以維持生命，唯有泥魚懂得「開閉之理」。

當天候發生異變，地上缺水鬧旱災時，普通魚類必拚命尋找水源，以求活命。而當水源愈來愈少時，這些魚終逃不過死亡的命運。

但是，泥魚在面臨旱災時，卻毫不慌亂。牠們悠然地觀察四周環境，尋找一塊安全的泥地，就將整個身體鑽入泥中，靜臥不動。這時候，牠們採取的姿勢，就是以「閉」制旱。泥魚躲在泥中不動，可以維持半年之久，在這半年之中，既不耗費身上的能源，水份也不會蒸發掉，因此生命得以維持。

由於氣候有四季的變化，半年內，必定會有下雨天。若某日，河川上游某處下一場大雨，河中又充滿滾滾洪流。這時，泥魚便改採「開」的姿勢，慢慢從泥中鑽出來，在水中悠游自得。

經過長期乾旱，其他魚類早已死光，牠們的屍體就成為泥魚的食物，因此，泥魚得以迅速繁衍，而成為河川中的王者。

我們在生活中常提到「勢」這個字。人在得勢時，萬事順利，一切都能積極進行。不得勢時，任憑你如何努力，終是無法成功，甚至愈努力愈糟糕。

遇到這種情況，最好採消極態度，進行長久的耐力戰。無論面臨多麼困難的狀況，都必須秉著堅強意志，勇往邁進，隨著情勢的變化，善用「開閉之理」，以柔韌不懈的精神，謀求開創新機。

3. 善用時勢

義大利政治家馬基維利（Niccolo Machiavelli 西元一四六九～一五二七年）在其所著《君王論》（The Prince）中，有這樣的敘述：

「古往今來，君王本身的智能並無太大的差異，一切都是命運在操縱。因此，今日強盛的，明日卻逃不過滅亡的命運，這些事件不斷在歷史上重演。情勢的變化，其實只是命運在改變而已。」

「一切聽憑命運擺佈的人，會隨著命運而興衰。完全漠視命運，我行我素的人，有時得以成功，有時卻會導致滅亡。唯有能調和命運的轉變，配以適度努力的人，才能永遠居於不敗，享有幸福。」

「能否將自己的努力，與變幻莫測的時勢相調和，是決定一位君王成敗的關鍵。然而，這一點通常很難做到。因為，人類總是不願改變自己，更不願放棄過去曾使自己成功的先例。於是，許多人便因固執而無法調和時勢，終於陷入不幸。」

不景氣時期分勝負

只要仔細觀察，就會發覺在許多公司行號中，常有類似的情況發生。例如：兩家公司採同樣的經營方式，結果，甲公司大為成功，乙公司卻慘遭失敗。或者是兩家以不同的方式經營，卻同樣獲得成功，或同遭失敗。追究其原因，決定成敗的並不在於經營方式的好壞，更重要的，是經營者能否調和時勢，善用時機。

就設備與投資問題而言，倘若經營者不理會經濟景氣與否，即盲目進行投資與設備更新，除非當地社會形態特殊，否則，必陷於資金周轉不靈的窘況。

因此，一般人都是在經濟景氣時，進行投資，擴充設備，而在不景氣時，則持觀望態度，儘量減少投資。因為從開始進行設備投資，到設備轉動生產，需要一段相當長的時間，經營者必須具有相當的魄力與眼光才行。

由於不景氣時期，一般公司都暫停設備投資，一些工作機械製造者與建設公司，都因沒有訂單而幾乎陷於停頓狀況，一旦有大公司開始做設備投資，他們立刻會積極爭取訂單。

資金雄厚的公司選擇這種時機進行設備投資，就佔了很大的便宜，他們可以挑選最優秀的公司，又享受到物美價廉的好處。當設備完成時，恰好經濟景氣開始好轉，大批訂單湧到，這些設備立刻派上用場。

因此，有人說：「大企業家在不景氣時分出勝負。」

4. 孔明以高姿態說服孫權

三國時代群雄並起，經過一番弱肉強食的爭霸淘汰，最後只剩下曹操（西元一五五～二二〇年）、劉備（西元一六一～二二三年）、孫權（西元一八二～二五二年）三雄對峙。

漢獻帝建安十三年（西元二〇八年），劉備受曹操大軍攻擊，劉軍大敗，狼狽退守漢口。當時，劉備已是窮途末路的窘況，不得已乃想到聯合孫權以制曹，或許還可從中獲得漁翁之利。於是，託付軍師孔明前往吳國說服孫權的重責大任。

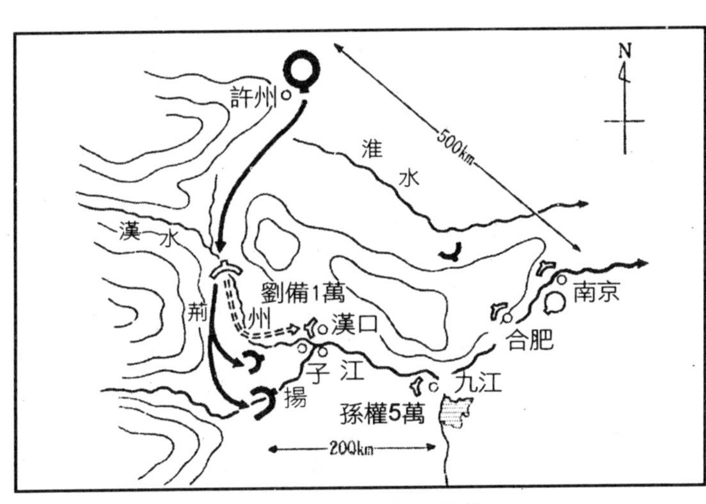

圖5　赤壁戰前的情勢

孔明抵達吳國首都柴桑（九江）之後，從種種跡象上研判，發現孫權正陷於左右為難的困境中。因為，這時曹操也已派來特使，要求與孫權訂盟建交，只不過曹操所議的同盟形同招降。

孫權對曹操十分不滿，但又擔心曹操的大軍壓境，因此，認為與劉備合作以防禦曹操大軍，確實有其必要性。然而，劉備目前只剩殘兵敗將，和他合作真能產生什麼作用，令人懷疑。為此，孫權萬分為難。

孫權手下的大臣，大多贊成投降，他們認為：「如今曹操兵強馬壯，遲早會統一天下，我們又何必做無謂的抵抗，徒然犧牲呢？」

孔明初見孫權，看他相貌堂堂，氣宇不凡，如用遊說普通人的方式必不成，不如擺出高姿態，以激將法試試。

當孫權對孔明問道：「你覺得可戰嗎？」

孔明回答：「可降。」他的意思是：連我蜀軍都遭敗北，你們戰也無益。

孫權一聽，大為憤怒，立刻再問：「那麼，劉備意下如何呢？」

孔明說：「我的主公劉備乃漢室子孫，英明蓋世，天下能人才士聞名而來。因此，他雖然一時失敗，但絕不會屈居人下。」

孫權大怒，站起身指著孔明罵道：「你是個無用之輩，所以只會勸人投降。」

孫權本非庸碌之輩，等他冷靜下來之後，立刻將孔明延入別室，詳細商討大事。

孫權擔心的是「假如劉備果真獨樹一幟，舉兵抗曹，我手下那些不願歸降曹操的兵將們，是否會受孔明煽動，而與劉備共同抗曹呢？」因此，他必須多了解孔明的實力，作為決定的依據。

孫權與孔明這次的合作策畫，就是歷史上著名的「赤壁之戰」。同年十一月，為孔明激將法所激而出動的東吳大軍，在漢口西方的長江中，大敗曹操的五十萬大軍，奠定東吳立國基礎。劉備也果然坐收漁翁之利，獲得西蜀之地，形成鼎足三分的局面。

第二章　反應

——丟一塊石頭試試：想要掌握對方心思時，就丟一塊石頭過去，然後張開網，靜靜等著捕捉對方。

進行遊說時，先要投石問路，觀察對方的反應。所謂投石問路，就是簡要地說幾句話當開場白，引導對方談話，然後儘量不發言，讓對方自由發揮。萬一對方搶先發言時，最好靜聽，尤其對方在勃然大怒的情況下說出的反對論調，更不可打斷。

不論是那一種情況，自己的發言絕不可太長。一旦話長，等於給予對方冷靜的機會，結果，你將失去聽真話的機會。

通常，在投石時，都希望能聽到對方的反對論調，讓對方儘量發言，自己則在一旁張網以待，抓住對方每一句話進行檢討。從對方的論點中，了解其真實的意向，再找出可以使其信服的說法進行說服。

經由雄辯迫使對方歸於沉默，絕對不是成功的說服；也別指望光靠議論就使別人信服你；更不可不顧對方的表情反應，而滔滔不絕地自說自話。

俗語說：「若無反對聲浪，則無法進行說服。」因此，要先投一石，激起對方的反應，再根據對方的反對意見，試圖掌握對方的真實意向，這就叫做「反應之策」。

古聖先賢治民之道，是以觀察演繹為原則。他們檢討過去的經驗，從歷史教訓中，尋找處理當前問題的方法；他們溫故而知新，經由合理的狀況判斷之後，找出最適當的解決方式。

如果從過去找不出合乎當前問題的解決方式，而從當前的情況中，又看不出問題的發展性，他們就從反方向去探索事實，尋找解決之道。換言之，古聖先賢是從反覆探索中，尋求解決之道，這一點值得我們研究學習。

首先，我們討論「動靜」的問題。對方發言是謂「動」，自己沉默則是「靜」。先聽對方發言，從中探討對方的意圖，並找出對方發言不合理處，提出質問或反對意見，再細聽對方的反應。

從對方的反應與自己觀察所得，就可以明白對方的意圖，探出其中的利害關係。也就是以無形無聲之道來處理有形有聲之事。

以設網捕獸為例。獵人設陷阱捕獸，必是選擇野獸經常出沒的地方，除設陷阱、放誘餌之外，還要投石驅趕野獸往陷阱奔逃，迫使野獸墜入陷阱。對付人類也是一樣，先要有充份的準備（設好陷阱），再誘使對方發言。只要表現得當，適度的刺激，定可探出對方的真意。

若上述方式無法使對方入網，就換個方式，改投以「定石」，靜觀對方反應。

所謂「定石」，就是反覆交談。一般人對於同一話題，經過人家不厭其煩，反覆提起之後，難免會透露出真意。聖人與人交談，不論對方是智是愚，都能了解對方心理，因為他們善於聆聽、善於觀察的緣故。只要掌握住這項原則，無論對方多麼高深莫測，都逃不出你的掌心。

改變方法之前，一定要詳細觀察。因為，不經過詳細觀察，便無法做正確的判斷；做不出正確的判斷，當然無法選擇適當的方法進行下一步驟。

當自己改變的方式正確時，對方必然會有所反應，這時候，就應確實掌握對方的發言，同時，自己儘量保持沉默，讓對方暢所欲言。

就人類心理學而言，欲使對方採取積極手段，自己應先做消極表現；要使對方覺得驕傲，自己必表現得謙卑；欲從對方有所取，先令其感覺有可以予人。

想打開對方心扉之前，可以敘述許多實例給對方聽，讓對方進行批判，再慢慢引導出話題，觀察對方反應。

在交談中，並應給予適當的刺激，誘使對方提出自己的主張。若對方說出的意見與自己相同時，應欣然表示贊同，並引用一些與實際相符的理論說明你的意見。然後，再重新提起話題，或刺激對方發言。無論對方是上級或下屬，這種方式都能適當地製造出共有的話題。

如果你能做到這點，就能明白事情的真偽，察出對方的真意。

因為人的發言、動作、沉默、喜怒，都會因心境的不同而有不同的表現。只要仔細地觀察，必能找出他們所遵循的法則，以反對意見偵測對方反應，以判斷對方的善惡真偽，也是藉助觀察之功。

想觀察對方的反應，首先自己要能保持冷靜。冷靜地細聽對方談話，冷靜地觀察對方的意圖，冷靜地與對方討論問題，如此，才能正確地判斷出事情真相。

如果想要「知己知彼」，就必須與對方做親密接觸，經由親密接觸，才能做迅速而敏銳的觀察。即使對方企圖掩飾自己的真心，也能輕易地誘導對方說出真話。

在這期間，最重要的就是穩定自己的心情，如果連自己的意向都不穩，就企圖偵測別人的心理，不但得不到預期的效果，還可能因判斷錯誤而誤事。因此，採取行動前，必須先確定自己的意向，一切篤定之後，才能不露痕跡地施展手段，而不被對方識破你的用心。

1. 三十六計中的「混水摸魚」之計

俗語說：「三十六計，走為上策。」以前人們認為三十六只是個虛數，不見得真有三十六個計策。直到民國三十年，有人在陝西省邠州的一個舊書攤上發現《三十六計》的手寫本，才證實三十六計並不是虛數。

這部《三十六計》給人的印象是，其中雖不乏奇策妙計，但也不少兒戲之作。例如第六計「聲東擊西」，第十計「笑裡藏刀」，第十三計「打草驚蛇」等，若是向冷靜而機智的人施展，不但可能立刻被識破，還可能被人將計就計，暗算一番。

若以消遣性讀物來看這本書，會覺得頗為生動有趣。當然，我們無法相信三十六計果真管用。而作者可能也預測到讀者的反應，因此，在第二十計「混水摸魚」中，特別舉例說明。

作者認為：「無論那條魚多麼刁鑽狡猾，難以捕捉，只要捕魚人將水攪混，照樣能手到擒來。」意即：三十六計縱然有如兒戲，但只要在施計前攪亂對方精神，使其喪失判斷力，則任何計策都能成功。

事實上，人們在遭遇意外事件時，心理上往往會失去平衡，而做出一些不可理解的行為。再謹慎的人，一旦陷於驚恐憤怒狀態，都會暴露出他的本性。因此，在進行交涉時，就要給予對方強烈的衝擊，破壞其心理平衡，使對方暴露其本性。

由此可見，《三十六計》一書的主張，與《鬼谷子》書中的「反應」及「揣」頗有異曲同工之妙。

2. 孔明計誘周瑜

漢獻帝建安十三年（西元二〇八年），曹操親率大軍攻打江南。當時，東吳孫權舉棋不定，不知該戰還是該和，後來為孔明所說服，終於奮起抗曹，演出一場名垂青史的「赤壁之戰」。

徬徨的孫權深知「兵乃國之大事」（孫子），因此，就聽從母親吳太夫人的指示，遵照哥哥孫策的遺言：「遇見難以處決的國家大事時，內政則問詢宰相張昭，外交則請教將軍周瑜。」於是請周瑜到皇宮，共商國是。

周瑜是吳軍統帥，其母是孫權母親的胞妹，而周瑜的夫人小喬，則是孫策夫人大喬的胞妹。因此，周瑜與孫權的關係相當密切。當時，周瑜正在吳都柴桑南方的鄱陽湖訓練水師，一聽到曹軍抵達漢水的消息，沒等孫權派人通知，便立刻動身返回首都柴桑。

孔明心中明白，吳國兵馬大權掌握在周瑜手中，要想說服孔權抗曹，首先得說動握有兵權的周瑜。但是，對周瑜的個性並不了解，於是，孔明就採「反應之策」，先投石問路一番。

不久，孔明就在吳國重臣魯肅陪同下與周瑜會面。周瑜聽完魯肅的情勢分析後，立刻說：「當降。」他所以這麼說，乃是存心要試探孔明的反應。

沒想到，孔明馬上附議說贊成，還裝著很不解的口氣說道：「魯肅將軍居然不明天下大勢，竟主張要戰。」

魯肅一聽孔明臨時改變主張，生氣地指責他說：「你怎麼說話不算話？」

孔明不理會他，心平氣和地繼續說道：「吳國為何不降呢？吳國只要獻兩名美女給曹操，曹操的百萬雄師就會無條件撤退，吳國一點損失也沒有，怎麼不降呢？」說完，他就朗誦一篇賦：

從明后以嬉遊兮，登層台以娛情；
見太廚之廣開兮，觀聖德之所營；
建高門之嵯峨兮，浮雙闕乎太清；
立中天之華觀兮，連飛閣乎西域；
臨漳水之長流兮，望園果之滋榮；
立雙台於左右兮，有玉龍多金鳳；
攬二喬於東南兮，樂朝夕之與共；
府皇都之宏麗兮，瞰雲霞之浮動；
欣群才之來萃兮，協飛熊之吉夢；
仰春風之和穆兮，聽百鳥之悲鳴；
雲天互其既立兮，家願得手雙逞；
揚仁化於宇宙兮，盡肅恭於上京；
惟桓文之為盛兮，豈足方手聖明；
休矣美矣，惠澤遠揚；
揚翼佐我皇家兮，寧波四方；

同天地之規量兮，齊日月之輝光；
永貴尊而無極兮，等君壽於東皇；
御龍旂以遨遊兮，迴鸞駕而周章；
思化及手四海兮，嘉物阜而民康；
願斯台之永固兮，樂終古而未央。

朗誦完畢，孔明繼續說道：

「這篇賦是曹操三子曹植所作的『銅雀台賦』。當年，曹操在漳河之畔，搭建豪華壯觀的銅雀台，曹植特作此賦詠歎這件盛事。賦中說道：『在漳河之畔興建壯觀豪華的宮殿，四周風景優美，亭台樓閣之富麗令人讚嘆，銅雀雙台宜藏江東名花大喬、小喬，方不枉如此佳台。』因此，曹操統領百萬雄師窺覬江東之地，為的就是大喬、小喬兩位美女。吳國犧牲大喬、小喬，等於大樹上掉落兩片葉子而已。只要讓大喬、小喬乘舟而去，便萬事罷休，也省得將軍費心。」

周瑜一聽，怒不可遏，酒杯一甩，起身罵道：「曹操老賊！」原來，二喬乃是江南名花，人所共知的美女，其中大喬是孫策遺孀，小喬正是周瑜的夫人。

周瑜雖已痛下決心，但猜疑心並未完全消除，但無論如何，孔明的激將法已激出周瑜的真意，其餘的，自然就好辦多了。

第二天清晨，當著文武百官面前，周瑜很果斷地對孫權說：「只要主公給我精兵數千攻打夏口，必可一戰擊潰曹操大軍。」

第三章　內　揵

——事前要有充分的準備，營造出適當的氣氛。所謂「內」，就是陳述自己的意見；所謂「揵」，就是策畫計謀，包括對上司的獻策，對同僚的建議，對屬下的指示。

想要對方接受你的意見，在陳述之前，必須先觀察對方的心理狀況，培養適當的氣氛，使對方易於接受。

在遊說過程中，一定要保持良好氣氛，彼此意見一致時，應趁機提出自己的意見。若意見相左，氣氛不對時，乾脆不表示意見直接離去，待他日再做決議。因為，在不合適的氣氛中，勉強提出議案，很可能會傷害彼此的感情，甚至一些無意的錯失，也會被指為惡意。不歡而散的結果，反而斷絕日後再做決議的機會。

如果雙方的觀念差異很大時，應設法拉近彼此觀念上的差距。在修正的氣氛中，不斷推進，直到雙方觀念一致為止。

一般而言，君臣關係應該相當親密，事實上，彼此的心態卻相當微妙而不可解。君臣之間，似近而遠，似親而疏，他們的遠近親疏並非形式所決定。有些臣子雖在君王身旁，由於相處不投機，獻策往往不被接受。

反之，有些臣子雖遠在朝廷之外，因能投合君心，卻常被召回獻策。因此，若意氣不相投，即使天天與君王見面，進言也未必會被採納；如果意氣相投，即使距離遙遠，君王也很樂於採納他的意見。

決定這一切親疏關係的因素，就叫「內揵」。君臣之間能否達到「內揵」，端視彼此之間能否建立默契。

要建立君臣之間的默契，必須靠道德、友情、財貨、土地等有形無形的力量去推動。因為有默契，君臣之間雖相隔遙遠，依然能維持良好的親密關係。反之，若彼此不投緣，雖然近在咫尺，情感上卻很疏遠。

同理，如果獻策不當，雖是君王身邊的近臣，也無法令君王接受其意見；而遠在朝廷之外的臣子，被召回後，獻策能立刻被採納，則是他的判斷正確之故。因此，獻策一定要合乎實際，合乎君王的心理傾向，才能使君王欣然接納。

在君王的觀念中，若臣子膽敢提出與他相左的意見，就是大逆不道。可見，若不先掌握君王的心態，提出的意見必會被拒絕。相反地，先了解君王心態，再配合其心態獻策，必定無往不利。

基於以上的緣故，聖人做任何事情之前，必定先確定君王（對方）的心理狀態，判斷事情成功的機率，若是能夠成功才付諸實行。

換言之，聖人們是先檢討利害再決定去做。決定可行則進言，不可行，則不進言。由於進言之前，已預做檢討，並推測未來的發展性，因此，他們提出的政策通常不易失敗，乃能建功立德，造福百姓。

君王政治清明，人民生活富庶，就叫「揵內合」。若君王昏庸不能治國，人民叛亂不守法治，聖人則會斷然施行自己的策略，以挽救國家的危亡局面。

如果君王自以為英明蓋世，不採納賢人的進言，賢人就會離他遠去。若君王願接受賢人的進言，並遣特使召請賢人入朝，則賢人必會接受徵召而有所進言。當賢人們的進言不採納時，他們就會悄悄離去。

隨著時光流轉，情勢變化，有朝一日，君王無法處理當前的混亂局面時，那些平日韜光養晦的賢人們，又會再度出現君王面前，冒著生命危險進言獻策。

1. 韓非子的忠告

進言者十大危機

一、君王正在秘密計畫中的事，臣子不知情而就此事進言。

二、為臣者拆穿君王表裡不一的言行。

三、已被採納的進言，卻被其他的臣子所探知，君王會懷疑乃進言者洩密。

四、臣事君王的日子太短，尚未得到君王完全的信任，就將自己的才能完全表現。在事成時未必會獲賞，若敗事則會被懷疑辦事不力。

五、揭發君王的過失，並以道德、大義相指責。

六、為臣者探知君王據他人功績以為己有。

七、強制君王執行其能力範圍之外的事情，令君王在眾人之前難堪。

八、當君王讚美某些人人格高尚，並指桑罵槐地指責某些人無用時，為臣者當小心。

九、讚美君王所愛之人，並試圖接近此人，將引起君王對你的疑心；咒罵君王所恨之人，並進行試探，也會引起君王的懷疑。

十、向君王進言時，沒有具體計畫僅憑空胡扯，必引起君王厭惡；發言不可過分謹慎，否則會被視為無能；對所提計畫過分誇張時，易被君王斥為不可信。

進言七秘訣

誇飾君王引以為傲之處，以掩君王感覺羞愧之點。

一、故意表現得躊躇不前，表示此事初為利己，而後大義所趨，不得不爾。

二、要阻止一件不好的事情時，要裝著無所謂的模樣，表示自己並無成見，無意全力阻止，以消除對方的警戒心。

三、懷抱崇高理想不得實現時，不如自認此理想空泛不可行，給自己一份平靜的心情，反而更有實現的機會。

四、當君王為其所擬的拙劣計畫沾沾自喜時，不妨裝著若無其事，舉些成功的實例附會，實則在其中加入你個人的智慧，達成修正的目的。

五、提出與他國共榮共存的計策時，首先需強調是為提高國家榮譽地位著想，並暗中透露君王個人可得利益。欲進言阻止君王冒險時，除要強調國家榮譽的損害之外，也要透露君王個人的損失。

＊進行說服時，要讓對方覺得對他有好處。

＊人類往往受原始情緒支配。

＊人類可能會忘掉名譽上的損失和殺父之仇，卻很難忘卻奪妻、奪財之恨。（馬基維利）

六、欲讚美君王的行為時，要先列舉他人同樣有此美德的實例，當諫諍君王的過錯時，也要舉例證明他人亦犯同樣過錯。

面對因不道德行為而煩惱的君王，要舉例說明此事並不嚴重，使君王轉憂為喜。面對為失敗而灰心的君王，也要舉例證明他的失敗並不嚴重，促其恢復自信。

七、當君王充滿自信時，不要說他能力不足；當他認為自己十分果斷時，不要指責他缺乏果斷；當他為自己的謀略自得時，不可說他計畫不周。

總之，要想獲得君王的信任，你可以卑躬曲膝、受人嘲笑，卻不可忽略以上各項要點。能做到以上各點，才能順利接近君側，得到君王的信任，施展你的抱負。得到君王寵信的人，即使進行秘密交涉，君王也不以為怪，與君王唱反調時，君王也不會怪罪，指責君王的錯誤，還能獲得直言的美名。

同樣是諫諍，結果卻有好有壞，下場不同。其中的訣竅，就是要先確定對方對自己的觀感，如果對方對你的觀感不佳，就必須先設法改變自己的形象，否則，最好不要任意提出意見。

不要觸逆鱗

傳說龍經訓練之後，是可供騎乘的，但是，在龍的喉部有片寬約三十公分的逆鱗，若不小心觸到這片鱗，立刻會使龍勃然大怒，而將此人咬死。君王也有一片不可碰觸的逆鱗，為人臣子的千萬不要觸碰君王的逆鱗。

2. 命令是行動前的預備信號

人類在本能上都「不願服從他人的命令」，即使是身為部屬，也未必絕對按照命令行動。有時候，一個命令下去之後，彷彿立刻發生效果，事實上，那是準備工作所發生的效果，命令只不過給予他們動機，使他們準備開始行動而已。

因此，上司在下令時，應該把部屬視為站在出發點上的百米賽跑選手，讓他們集中精神，擺好姿勢等待起跑的信號。

人類的團體裡，組織的行動是統率的關鍵。所謂「統率」，就是統御指揮。事前的準備就是統御，先有統御，而後有指揮可言。

所謂「統御」，就是使團體內的每一個人都集中精神，全力預備接受指揮的心理指導工作。所謂「指揮」，就是根據統御而發動群眾，統合每一個人的力量，適時邁向目標，促使團體力量發生最大效果。

統御是督促部屬奮起，即所謂「內揵」。它所掌握的多半屬於心理層面，因此，很難整理出成功的最佳理論。

但是，若能充分掌握下列四法則，任何人都能輕易達成任務，若背離這四法則，則即使再優秀的幹部，也將嚐到失敗的滋味。

法則一：成功。

法則二：給予利益（賞）。

法則三：給予警惕（罰）。

法則四：刺激其情感。

指揮的任務，在於使部屬們已經奮起的力量，達到最大效益。指揮的方式很多，只要按照以下的程序，不管處於多忙碌或興奮的狀態，都可以順利進行而不至於手忙腳亂。

程序一：狀況判斷——想一想，在這種狀況下，那一種作法最佳？

程序二：決心——給自己肯定，這麼做是最佳的選擇。

程序三：命令——向部屬頒佈命令，貫徹你的決心。

程序四：監督——確定命令的執行方式，必要時，進行催促與調整，並根據執行結果做自我改進。

＊領導者應於事前鼓舞被領導者的精神。所謂鼓舞精神，是指思想的一致、相互間的信賴、狀況認識上的一致，及培養被領導者成功的信心，促使被領導者認清自己的責任。

建立部屬信心的方法，最有效的，就是給予他們立功的機會。據說拿破崙的部下，由於沒有建立戰功的機會，始終無法建立自信心。

＊若未事先鼓舞被領導者的精神，即突然下達命令，被領導者往往無法了解領導者的真正企圖，而很難排除萬難達成任務，甚至在執行時妄自解釋，而違背領導者的本意。

3. 提供共同話題

各行各業中，應對「內揵」付予最大關心的，首推推銷員了。因為，在大多數情況下，推銷員要面對許多初次見面的不特定人物，他們要向這些表示拒絕反應的人們要求支付行為。

推銷員主動將貨物展示在顧客面前，並做詳細的介紹，為什麼顧客的第一反應都是拒絕呢?因為，人類都有不願花錢的本能，特別是在懷疑對方可能欺騙自己時，這種不花錢的警戒心更強烈。

這些心理就是推銷員的先天障礙，推銷員能否面對障礙，做巧妙的利用，就是他成敗關鍵所在。有句話說:「推銷員在推銷商品之前，必須先推銷自己。」這句話就傳達了部分訊息。

想要化解顧客拒絕的本能，首先要在彼此之間搭起一座溝通交流的管道，也就是要投其所好，找一個彼此共通的話題。

要和無數不特定的顧客建立起共同話題，最普通的就是，天候與國內外重大新聞。若想再進一步掌握顧客心理，則必須談一些趣味問題。例如:高爾夫球、棒球、釣魚、圍棋、象棋、園藝等，這些話題沒有直接的利害關係，不帶商業氣息，彼此可以超越年齡、地位侃侃而談。

人都喜歡自我誇耀的，只要給予足夠的談話時間，再沉默寡言的人都可能鬆弛他的警戒心，開始與你交談。只要開始交談，「內揵」的工作就算成功。

理論上，要想做一次成功的推銷，推銷員必須在展開推銷工作之前，調查對方的為人與興趣。但是，挨家挨戶進行推銷的推銷員，根本沒有那麼多的閒工夫，因此，調查的方法就必須稍做變通。

一個沒有時間對客戶進行調查的推銷員，可以觀察室內裝潢代替調查。因為，從室內的裝潢、擺設，通常可以看出主人的興趣與格調。

例如：一個愛好高爾夫球的主人，客廳中必定有「優勝杯」之類的擺飾。那麼，推銷員就可以高爾夫球為話題。如果主人是一位作家，必定以自己的著作自豪，而在客廳中擺幾本自己的作品，那就是推銷員可以利用的話題。

如果在談話間，訪客居然對主人的成就一句不提，主人一定失望透了。

例如，出版機構或雜誌社要邀作家撰文時，都會先調查他們的為人和著作，再與對方聯絡。若無法做到這點，就沒有資格成為一個記者，也無法爭取到作家的好作品。此外，即使你對這位作家的作品已相當熟悉，也不可忽視他陳列在客廳中的作品。因為，這是一種社交禮儀，你的忽視不僅失禮，也證明你對「內揵」的無知。

對方最引以為榮的東西，就是彼此之間最佳的共通話題。這就是推銷員在推銷商品之前先推銷自己的秘訣，也是「內揵」的最高境界表現。

第四章 虛隙

——瞄準敵人的弱點，一切事物都依照一定的法則發展，掌握住這點，在情勢轉變之際，必能發現敵人的虛隙。

所有的外交與作戰，都必須偵測對方的虛隙——弱點。在對方的弱點剛萌芽時，就必須察知，並善加運用，千萬不可在對方無弱點時發動攻擊，更不可面對對方的弱點，而不做任何攻擊。

偵測虛隙的方法千變萬化，數不勝數，必須配合真實情況，才能得到最佳效果。

事物的成立、推移、變化，都有一定的法則，如何才能洞察其法則呢？

首先要對過去的經驗進行研究，據以判斷未來的發展。

其次，要徹底審查對方言語的真實性。

所謂虛隙，就是力量較薄弱的地方，也就是裂縫部分。裂縫在發生前必有徵兆，絕非一開始就裂得很大，因此，必須在裂縫還未擴大之前了解狀況，研究對策。施行虛隙之術，所偵察的對象都是些細微的徵兆，發現虛隙之後，善加利用，必能成功。

天下紛亂之時，上無明君，下有奸佞，諸侯失德，小人橫行。於是，賢人君子都隱居不仕，只留下一些亂臣賊子胡作非為，搞得君不君、臣不臣，君臣彼此勾心鬥角，連父子也互相猜忌，使倫常敗壞，社會組織解體。這種混亂局勢，就是亂世的萌芽，國家的虛隙。

聖人看見亂世已經萌芽，便立刻採取行動。應變方式視實際情況而定，如：虞舜時代採禪讓政治，商紂時代採革命的方式。至於其他諸侯，因數目太多，方法也各異。總之，他們都選擇最適合當時情況的方式轉移政權。

天地初開就不斷變動，必然會有虛隙產生，人類社會當然也會有虛隙。有虛隙並不可怕，重要的是如何洞察虛隙。

聖人以開閉之法（第一章）闡明虛隙的道理，並以此為基礎，行使虛隙之法。當社會上無可作為時，他們就隱遁山林，一旦有可作為的時機來到，聖人們立刻配合時勢，或號召鎮暴，或起義除暴，適時地發揮虛隙之法。

陳平之計

漢高祖元年（西元前二〇六年）到漢高祖五年間，是所謂楚漢相爭時期。

漢高祖二年四月，劉邦（西元前二五六?～前一九五年）和項羽在彭城一場血戰，劉邦被打得落荒而逃，一直往西竄到洛陽東方的滎陽，才能停下來喘口氣。面對佔盡優勢的項羽大軍，劉邦是一籌莫展。

這時，劉邦的謀士陳平，就獻上一個離間項王君臣的虛隙之策。陳平說：

「項羽最大的缺點就是不能接受忠臣直諫，因此，他的大臣中除范增、鍾離眛、龍且、周殷之外，盡是些唯唯諾諾的無用之輩，若要削弱項羽的戰力，只須把這幾個人除掉就行。且項羽為人多疑，我們只要略施離間之計，他們君臣之間必然發生裂痕。一旦引起項羽的猜忌，必有一場誅殺，主公便趁著他們內部自相殘殺的機會發動攻擊，這時候，破項羽大軍再也不是難事了。」

劉邦大喜，連聲讚好，立刻撥黃金四萬金給陳平，委託他全權處理。

陳平拿了這筆錢，首先用來離間鍾離眛、龍且、周殷三人。

他在楚軍中散佈流言說：

「鍾離眜等人為項羽大將，屢建奇功，但是，項羽有功不賞，並不分封土地，立他們為王。因此，他們心中十分不滿，想要為劉邦做內應滅項羽，以便得到劉邦的封賞。」這些流言傳入項羽耳中，起先他還能置之一笑，久而久之，謠言不斷，說者愈來愈多，終於使他懷疑鍾離眜等人的忠誠。

漢高祖三年四月，楚軍圍困滎陽，發動攻勢。這時，高祖劉邦派使求和，項羽的謀臣范增反對，鼓勵項羽繼續圍攻。

范增認為：「楚漢勢不兩立，楚不滅漢，漢必滅楚。」因此，他絕對反對和談。劉邦的和議被拒，楚軍的攻勢又越發猛烈，這時，漢軍可說已到危急存亡的關頭了。

就在此時，項羽特使來到漢營。

陳平認為機不可失，立刻親自出迎，拿出最上等的酒菜招待楚使。當使者說他是奉項羽之命來時，陳平立刻換了一副冷淡的臉色，倖倖地說：

「我以為閣下是范增將軍派來的特使呢?原來，你是項王派來的啊?」

說完，下令撤走席上的美酒佳餚，換上一些粗茶淡飯，態度也不復殷勤。

使者憋了一肚子氣，忿忿回到楚營立刻拜見項羽，將漢營中所見所聞，誇大其辭地描述一番。

項羽早就聽過范增私通劉邦的謠言，經使者一說，便信以為真，從此不接受范增獻策。范增怒恨交集，但也莫可奈何，失望之餘，只好辭官歸里，就在返回彭城途中，死於背疽發作。

項羽中了陳平的離間之計，趕走范增，等於親手砍斷自己的一條右臂，真是愚不可及。從此，人心渙散，軍心盡失，終於在垓下一戰慘遭敗亡。

第五章　飛箝

——本章是向君王遊說任用的一個要領。

所謂「飛箝」，就是引導、控制對方發言。「飛」是使其自由，「箝」就是「箝口令」的箝，也就是把木放在口上，不許發聲。

說服人時，並不是要駁倒對方，反之，應多讚揚對方的名譽、成就，誘導對方發言，試圖了解對方的意向，才能成功地說服對方。當對方發言時，也不可任由對方滔滔不絕地說下去，更不可一味恭維對方。應適度操縱場面，使對方為自己掌握，從中探出對方的真意。

總之，你可以儘量發揮你的手段，只要別忘記基本目的即可。

如果有一位愛才的君王，禮賢下士之名遠播天下，於是，四方的人才都會集中到他的朝廷上。有眾多的人才之後，就要想辦法使他們發揮才幹，成就一番大事業。因此，關於他們的思想體系、主張得失、言論虛實、能力高低、計謀深淺等，都應加以公平的評定，對他們的人品才能給予適切的評價。唯有如此慎重其事，才能聚集天下的英才，使人人發揮才幹。

這種道理就和釣魚一樣，以餌誘導對方發言，探知其本意，或經由讚美使對方暴露真相；這種方式又可稱為「鉤箝」，在聆聽對方主張時，不全表贊成，也不完全反對，必須時而贊成，時而表示反對，以便完全掌握對方真意。

用鉤箝之術進行遊說時，若遇上對方不易說服，絕不可輕易罷休，仍要想盡辦法繼續試探。試探無效，則揭發對方的缺點，激怒對方。

也可以在試探期間，便揭發對方缺點，或使對方自動暴露缺點，以責罵激怒對方，然後，再誇讚對方長處，做進一步試探。總之，一次成功的試探，就必須用一褒一貶、一喜一怒的方式刺激對方，令其暴露本心。

但是，要任用一個人時，光憑這些測驗還不夠，要繼續以珍寶財貨試探他，觀察他是貪婪還是廉潔。再讓其負責一項艱難的任務，試探他的才幹。或者觀察其言行，判斷其統御才能。這一切試探，都需運用虛隙之術，方能得到正確答案。

即使對方是早有賢名的人，在任用他們掌理天下大政之前，也必須先確定他們行使權力的能力，試探他們對天時盛衰、地域廣狹、地形難易、人民貧富、諸侯外交及諸侯聲譽、企圖、好惡等事件的觀察與心得。這一切都可以飛箝之術進行試探，經由交談使對方暴露出他的實力。

此外，也可對諸侯施以飛箝之術，藉以明白其智能、才幹及實力。這是一項重要的武器，掌握飛箝之術以後，面對任何人，皆可收放自如，隨心所欲地控制對方。

若能適當的用人，往往只靠言詞的讚美，就能羅致在野的賢人。當這些人來到時，千萬不可輕易令其離去，只須從其言論觀察其人，加以操縱。

1. 孔明的七擒七縱

蜀漢建興三年（西元二二五年），孔明率軍南征，俘虜南蠻王孟獲，孔明將他帶回軍中，讓他參觀蜀軍的陣勢。孟獲看過之後，懊惱地說：「如果我早知道這些陣勢，我也不會敗北。」孔明笑了笑，將他放了。

不久，孟獲重整旗鼓，再來挑戰，又被俘虜。孔明依舊讓他參觀陣式之後，將他釋回，如此經過七擒七縱，孟獲終於對孔明表示心服口服，願意聽從孔明指揮。孔明仍命他為南蠻王，統治南蠻佔領區。

孔明所以要對孟獲七擒七縱，就是要徹底打擊他的自信心，使他確認無法與孔明為敵，甘心服輸，以奠定蜀漢統治南蠻的基礎。同時，經過多次交戰，也可了解孟獲的能力與戰法。這就是典型的飛箝之術。

2. 勿隨意出口傷人，不輕易脅迫他人（馬基維利）

脅迫的言語容易提高對方警覺，侮辱的言詞則容易激怒對方，這兩種方式都不是削弱敵人的上策。

波斯大將噶巴底，久攻阿米達城不下，不得已，決定撤軍回國。不料在撤軍時，城內的敵兵竟在城牆上，指著波斯軍大聲謾罵他們是沒有骨氣的軍隊。噶巴底將軍勃然不怒，立刻下令回師攻城，結果，憤怒的波斯軍隊迅速攻下阿米達城。

羅馬軍向維艾軍挑戰之初，原存有厭戰之心，不料，維艾人接近羅馬軍陣地時，居然說了許多難聽的話侮辱羅馬軍。

羅馬軍平白受辱，個個氣憤填膺，厭戰之心盡去，代之而起的是高昂的戰鬥意志。他們自動請求指揮官進行決戰，一鼓作氣將維艾軍消滅。

羅馬城遭受迦太基大將漢尼拔將軍的圍困，陷於兵源不足的窘境，在萬不得已的情況下，只好徵召奴隸組成新軍。

大將提比留・格拉斯擔任這支奴隸部隊的指揮官，他到任後宣佈的第一件事就是：「膽敢侮辱他人的奴隸身份者，處死刑。」

由以上事例可知，毫無根據地胡亂罵人，反會刺激人心，遭致反效果。

3. 口試

某些升學考試或就業考試，會分成筆試和口試兩道關卡。舉行口試時，面對一整排的口試委員時，幾乎每個考生都會很緊張，甚至會因心理不平衡而演出失常。

考試後再回想一下，發現由於自己過度緊張，連最平常的問話，聽來都變成最嚴厲的質問，結果，回答的全都牛頭不對馬嘴，亂成一團。

其實，這也是飛箝之術的運用，測驗者故意製造緊張氣氛，迫使受測者赤裸裸、毫無保留地暴露他的實力。因此，受測者若能心情平穩地應付，就可算成功了。

要如何保持平靜呢？

通常，被問話時，很自然地站起身、吸口氣，心情自然會穩定下來，至少不至於坐在那兒猛冒汗，不知所云地胡說一通。

4. 弱燕破強齊（戰國策）

齊國大破秦、楚兩國，韓、趙、魏三國勢衰兵弱，根本不堪一擊，眼看著齊國的次一目標，必將指向接壤鄰國燕國身上。

蘇代（蘇秦之弟）為消除燕王隱憂，解救燕國免於危亡，就前往齊國，遊說齊王攻打宋國。齊國雖然順利攻下宋國，但由於連年征伐，使得國力衰竭，人民厭戰。一直默默等待的燕王，認為機不可失，立刻號召天下諸侯起兵，共同攻打齊國。結果，齊國大敗，幾乎亡國，燕國得以轉危為安。

這種方式，就是儘量助長強國的聲勢，促其早日發展至盛極而衰的境地，再利用時機一舉將對方消滅，解除國家的危機。

5. 弱者姿態

韓、魏兩國國力原本不相上下，但是，後來韓國的國勢卻漸佔優勢。這是什麼原因呢?原來，這是韓國名臣申不害的計謀所致。申不害為使韓國富強，乃向韓王獻策，讓韓王向魏王卑詞稱臣。

魏王接受韓王稱臣，從此趾高氣揚，得意忘形，終於引起諸侯反感。反之，謙卑的韓王則得到諸侯的普遍同情與支持，國際地位逐漸提高，最後凌駕魏國之上。於是，申不害「居一人之下，位萬人之上」之策成功。

第六章 反合

——經過多次試驗之後，再做決定。「反」就是離去，「合」就是結合。「反合」就是「離去往就」的意思。

當人與人之間欲進行結合時，無論結合本身是好是壞，結合是否能成功，都必須從各方面進行檢討，實際試驗後，再下決心。

以伊尹為例，他為了在商湯與夏桀之中選擇一位值得忠實奉獻的君王，竟五度投效商湯，五度背叛商湯，又五度投效夏桀，再五度背叛夏桀之後，終於選定商湯為效忠對象。

處理人際關係的方法與要件相當複雜，絕對找不出一個固定的模式，必須針對每一種狀況，一一測試各種方法，從中求出最合適的處理方式。由於人際關係極為繁複，因此，在決定去就時，就當把握適當的原則。

聖人立身處世，觀察他們治理國家、教化人民、愛惜名譽的表現，就明白他們對一切事物是否合理的判斷，都是以能否適應天時、人和為標準。

聖人是值得人們尊敬、師法的，他們無論做什麼事情都必定成功，因為，他們所做的事都是善事。而且，他們對於人們向他傾訴的話都予以採信，因為，他們不會把不可信的言語聽入耳中。如果有某人能把事情做得很成功，所設計的謀策又十分適切，令他心服，聖人就和眾人一同舉奉他為君王。

一個人不可能同時對兩位君王盡忠，若想對其中一人效忠，就應離開另一人。

換言之，必須遵循「反合」的法則，忠於甲主就必須捨棄乙主，離開甲主之後才能效忠乙主。因此，以反合之術施於天下家國，就一定會為天下國家著想，並能有所成就、貢獻。若施於己身，便能使自己的才能與實力得到最大的發揮。雖然其中有大小進退的差異，但是其效果是一樣的，而用法也相同。通常，都是先策畫，再決定方案，最後以飛箝之術去實行。

古代這種去就之途，真的是一種相當理想的方式，可以施諸天下而皆準。當他們要選擇效忠的對象時，便放眼天下，觀察各個諸侯的表現，然後從中施以反合之術，經檢討後，分辨出應就之主和應去之主，為自己選擇一個真正值得效忠的君王。

例如：伊尹在商湯與夏桀之間，前後五來五去，最後才決定效忠商湯。姜太公呂尚在歸順周文王之前，也曾經三次為殷紂之臣，最後才決心輔助周文王。因為他們都知天命，明白大勢所趨，所以能毫不猶豫地效忠商湯和文王。

由此可見，若不具備聖人般的高瞻遠矚，就不足以治理天下。若只知勞心苦思，不能靜下心仔細檢討，就無法明白事理的原委。若不盡心、不熱誠，就無法創造名氣。才能、個性魯鈍的人，就不能帶兵作戰。心地過分忠實、耿直的人，無法理解不坦誠的人心。因此，要運用反合之道前，也需明白自己的才能與智慧，好好檢討優劣之處，再選擇一個合適的方式進行。

1. 主動求去

我國古代許多兵法家與政治家，都是趁著戰亂的時機，為自己尋求一個立足之地。他們為尋找建功立業的機會，就以說客的身分遍歷各國。他們和各君王之間並無固定關係，也不是什麼家臣之屬，而是一名保持自由之身的食客兼顧問。

因此，無論君王賢良與否，只要對方不採納他們的獻策或學說，他們就會趁處境尚未發展至最惡劣之前，趕緊掛冠求去，另外尋找發展。

古代流行許多格言，現在雖然未必適用，但是，美國的企業家們倒是奉行不渝，且將它抄在下面：

＊若我的計策確實可行，君王用之必勝，不用則必敗，而君王沒有採用，那麼，我就應當求去。（孫子）

＊皇親大臣看見君王有重大過失，應該直言諫諍，若屢諫不聽，則將他廢去另擇新君即位。這個時候，非皇親的臣子應默然離去。（孟子）

2. 馬基維利的主張

不與徒具虛名不具實力的國家結盟

西元一四七八年，羅馬和拿坡里聯軍攻打佛羅倫斯，當時，佛羅倫斯與法國曾締結軍事同盟，在此佛羅倫斯面臨危急存亡的關頭，法國應立即出兵支援才對。結果，法國所給予的援助，只是有名無實的「聲援」。

無論對方國力多麼強盛，如果相距太遠，在危急時無法及時發兵支援，那麼，對方的強盛對你毫無意義，與這種國家締結軍事同盟，根本是徒具虛名無濟於事。此外，還有一些正趨沒落、外強中乾的國家，為顯示自己還是強國，仍勉強出兵代他國平亂。這

種國家最容易誤人誤己，千萬不可輕信他們，以免誤事。（政略論）

一九三九年，希特勒攻打波蘭。當時，英、法和波蘭訂有「英法波協防條約」，由英法兩國保障波蘭的安全，事實上，英國根本無力保護波蘭。同年三月三十一日，邱吉爾在下院發表演說時，就攻擊當初訂此約的首相張伯倫說：

「我們根本無力保障波蘭的安全，這是一個可笑的諾言！」

同盟也可能破裂

兩國訂立同盟關係時，必定雙方都有心信守不渝，然而，訂約時基礎不穩固，或是締約國的一方是在不得已的情況下訂約，這種盟約的持久性便值得懷疑。尤有甚者，若締約國的一方並無訂約需要，且在實踐此項條約時，可能危害到本國安全，這種條約實難免於被廢棄的命運。

一般而言，若同盟國的一方因對方脅迫勉強締約時，這種盟約就很難持久。因為，一旦另一國的威脅減輕，而有另一種更大的威脅介入時，這種盟約自然會遭受破壞。

＊各弱小國之間締結軍事同盟，並不見得能產生強大力量，但是，為保障地區性安定的經濟合作條約，卻往往能發生實際的安全效果。（一九六九年八月一日　甘地夫人）

馬其頓王狄米特列斯一世（西元前三三六年～前二八三年）曾屢次援救雅典，可謂雅典的大恩人。

但是，當他戰敗亡命雅典，尋找庇護時，卻遭雅典人拒絕。雅典人的忘恩負義所給予他的打擊，竟大於軍隊戰敗所承受的挫折感。

埃及托勒密王朝曾因龐培的幫助而恢復埃及王位，因此，當龐培被凱撒打敗時，便逃往埃及，而埃及也當感恩圖報才對。然而，事實並非如此，埃及王室唯恐得罪凱撒，竟殺死龐培向凱撒邀功。（政略論）

英國唯恐俄國侵略遠東，會危害到英國在中國的權益，因此，在日俄戰爭前，與日本訂立軍事同盟條約，以防俄國。

但是，當俄國的威脅逐漸減弱之後，又感到日本的強大對其造成威脅，於是，便撕毀英日同盟條約，與美國訂立新約對付日本。

一九四一年四月，俄國為全力對付德國，與日本簽訂互不侵犯條約。到了太平洋戰爭末期，俄國發現來自德國的威脅已經解除，便於一九四五年四月片面撕毀日俄互不侵犯條約，大舉發兵，經由偽滿洲國攻打日本。可見，大多數的國家不可能為了盟約、道義，而放棄本身的利益。

有些國家可能冒險堅守同盟

某些國家與強國締交，雖然對方如今已趨衰落，仍堅守彼此的同盟關係。這種情形大約有以下幾種狀況：

一、將來有用。

二、恐懼將來。

三、沒有脫離同盟國的壓力與誘因。

例如：西班牙的薩恭同將軍，在西元前二一八年遭受迦太基大將漢尼拔的猛攻。當時，他堅信羅馬必定會派兵前來援助，且必能趕走迦太基人，因此，他始終堅守和羅馬之間的軍事同盟條約。

一五一二年法國在拉溫那遭受慘敗，但同盟國佛羅倫斯並不背棄法國，依然與之維持友好關係。因為，佛羅倫斯相信法國必定會再度強盛。

拿坡里面臨法王查理八世的侵略威脅，不得不與法國締結軍事同盟。而為與法國結盟，拿坡里國內的貴族卻因意見不同而分裂成兩派。

因為，當時法國與西班牙的國力相當，某些貴族主張親西班牙，然而，由於法國的威脅，親西班牙貴族也只得讓步。

與共和國結盟遠比君王國可靠

國與國之間締結同盟或背棄盟約時，通常都是由重大因素所造成。但是，共和國是取決於眾議，任何事情的決定都需要相當長的時間，因此，即使有心違約也無法立刻採取行動。

而君王國則不然，一切大事取決於君王一人，往往因一些細故或利害關係，就會立刻撕毀盟約。所以，選擇盟邦時，應儘量選民主國。

第七章　揣

——凡事根據事實做判斷。「揣」就是推測，也就是站在對方的觀點，設身處地的擬想對方的心態。

本章的要點是：「謀畫國事時應仔細權衡，遊說人主時要細心揣摩。」亦即：「狀況的判斷應以事實為根據，並且依照合理的原則細心地進行。」

鬼谷子之所以提出這一項論點，乃因當時（春秋戰國時代）每遇國家大事待解決時，都是根據占卜判定吉凶禍福。因此，鬼谷子特別主張「以事實為根據」，這一點和『尉繚子』以及『孫子』的「五事七計」主張相同。

至於遊說君王方面，蘇秦本身具有極寶貴的痛苦經驗。

同樣一句話，由於聽者心境的不同，發生的效果也有極大的差異。當時秦惠王所以不採納蘇秦的連橫之計，固然由於他認為一臉寒酸相的蘇秦，思想根本還未成熟，另方面，秦國恰好因其他客卿的獻策導致失敗，秦惠王正懊惱不已，決心不再接受他國客卿的遊說。而數年之後，蘇秦的同門師兄弟張儀向秦獻連橫之策，秦惠王卻欣然採納，並成為秦統一天下的原動力。

由於機運不同，造成的結果也不同，這其間的差別不可謂不大。

就以「霸權」一詞來說，字典上的解釋相差不多，但是，就美國、俄國、中國、日本而言，卻各有極大不同的意義。

古代善治天下的大政治家，必先了解天下權之所在，及各國的國情。因為，若不能推算出各國的實力，就無法判斷各國的強弱；若不知道各國的狀況，就無法了解各國的國情。

所謂「量權」，是就形成國力的要素，進行量與強度的具體算定。

所謂「揣情」，則是就人的心理狀態進行判斷。因為，人在極端高興時，必定無法掩飾自己的喜好，而陷於非常的恐懼狀況時，也無法掩飾所憎恨的事物。遇上這些情況時，人們必定會將自己的好惡表現在語言、情感、態度等方面，只要掌握這些要點，便能探知對方喜怒好惡的心理狀態。

若對方是喜怒不形於色的人，可以改由他的親友口中探聽，問一問此人最得意時，言行有何特殊表現。

＊子曰：「視其所以，觀其所由，察其所安，人焉廋哉！人焉廋哉！」（論語為政）

＊觀察他能否富而不犯禮，調查他能否貴而不驕。（六韜）

一般人當內心的情緒有所改變時，必定會表現在表情、態度、言語、行動上，只要細心觀察對方的言行，必然可以判斷出他內心裡的動靜，這種經由觀察以探測事物的工夫就叫「揣情」。

處理國事應仔細量權，而遊說君王，則須細心揣情。在判斷君王的心理狀態之後才獻策，便可以隨心所欲地操縱君王，自由地掌握貴賤輕重與利害成敗。這就是揣情之術的功效。

即使具有古代明君之道和聖人之謀的人，若不使用揣情之術，仍無法探得人們隱藏在內心的秘密。可見，揣情乃是一切謀略之源，也是遊說之術的基本法則。

一個人事業成功的秘訣在於採取主動，施展謀略的成功秘訣，在於揣情之術。而施展揣情之術成功的關鍵，則在於仔細觀察對方心理，選擇最佳時機進行。

以昆蟲類的活動為例，牠們絕對不採取無意義的行動，一切以利害關係為準，有利則進，有害則逃。

＊兵非利不動，不得不用，非危不戰。（孫子）

人類的心理活動在剛開始時，都是很細微的。因此，應隨時注意對方的微小動作，以判斷其心理動向，再反覆檢討，確定進行遊說的方式，直到有十足把握之後，才進行說服工作，如此必能馬到成功。

「完全掌握對方心理狀態之後，才能採取適當行動進行說服工作。」這不但是本篇的中心思想所在，也是《鬼谷子》一書的基本主張。但如此簡單的一句話，做起來卻不容易，因為人與人之間，有許多細微的心理變化，根本無法予以理論化。

蘇秦再三研究推演，獲得一個結論：「只要能掌握對方極端喜怒哀樂時的表現，便可完全掌握對方。」

1. 隨何說服九江王英布

漢高祖二年（西元前二〇五年）七月，劉邦慘遭彭城之役的敗績，狼狽西奔。張良為將來反攻著想，向劉邦獻策說：

「九江王英布（黥布）雖是一員楚將，但是與項羽之間也是貌合神離，鬱鬱不得志我們應趁機將他拉攏過來。」

張良所說的項羽和英布貌合神離這件事，是指同年正月間，項羽攻打齊國時，曾命英布率軍參戰，但是，英布竟然按兵不動，固定九江。此外，當劉邦乘項羽外出的機會偷襲彭城時，英布對項羽發出的緊急軍令，竟也相應不理。可見，英布已儼然以第三勢力的姿態出現，不再聽從項羽指揮。項羽雖然對英布極為不滿，奈何英布是名猛將，唯恐將他逼反，對楚不利，因此，始終不願引起正面衝突。

不久，劉邦的軍隊抵達彭城西方一百公里的虞城，並遣隨何為特使，率領二十名隨從前往策動英布歸漢。

直至半年後，高祖二年十一月，隨何才抵達九江王英布的首都六安。隨何住進一位太宰（御膳官）家中，幾度請求晉見英布，三天之後依然未被召見。隨何心想：

「如今天下二分，劉邦與項羽兩雄爭霸，我是兩雄之一劉邦的特使，九江王英布理應到國境迎接，以表示尊重才對。然而，他不僅沒來迎接，還拒絕接見，可能是害怕因此得罪項羽。可是，劉邦襲擊彭城時，他又拒絕接受項羽的軍令，不願派兵出戰，這又是為什麼呢？照此情形看來，項羽已經漸失人心，楚軍人才也逐漸凋落。我若放此良機不用，無法達成策反英布的使命，劉邦也會懷疑我的忠誠，則我命運堪虞。

既然英布已不願聽命於項王，顯然應該選擇劉邦。可惜，劉邦自彭城戰敗後，就被迫退守滎陽，情況相當危險。英布必定想選擇一位強大而又可信賴的君王，而目前的情

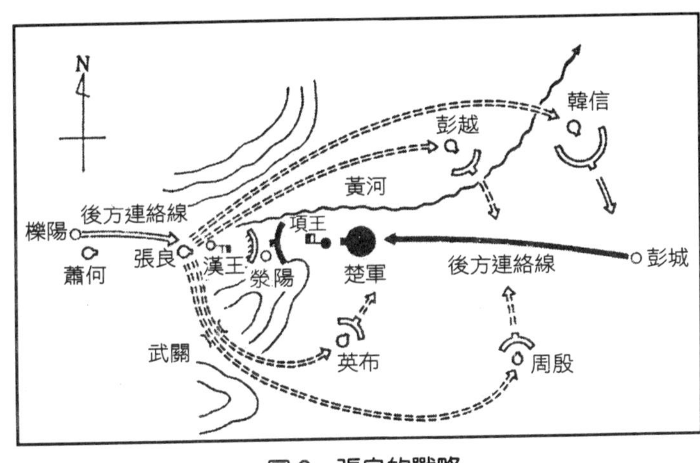

圖6　張良的戰略

況，項羽雖強卻不可信，劉邦可信卻又衰弱，因此，他才會徬徨難決。

總之，若能讓英布感覺到劉邦是強大的，他一定願意歸順劉邦。」

隨何對英布的心境做一番「揣情」的假設後，便對英布的太宰進行遊說：

「九江王所以不接見我，是因他認為楚強漢弱。事實上並非如此，我來此的目的，就是要消除九江王這項疑慮，不要聽信道聽塗說之言。如果九江王發現我說的話有半點虛假，可將我們二十人全部處斬，以示對項王效忠。」

太宰將這番話轉告英布，隨何終於得到召見。席間隨何對英布說：

「楚王項羽已喪失民心，楚軍復遠離根據地到西方發展，戰力已是強弩之末，只要漢軍在此時反攻，楚軍必定大敗。而劉邦自從漢中之戰以來，天下民心欣然擁戴，雖有彭城之役的敗績，漢軍依然據有險要之地，擁有米穀之鄉滎陽，逼得楚軍寸步難行。如今，漢王正在關中（函谷關以西）大整軍備，韓信也已席捲黃河北岸，正準備繞至彭城背側展開突襲。如果王能歸順漢王，成為漢軍右翼，對楚軍形成包圍，那麼，楚的滅亡與漢的興盛就指日可待了。

楚漢爭霸，鹿死誰手，全視王之決定，而王的命運前進，則看王是否歸順漢王。因為王在楚軍之地位舉足輕重，項王自以為楚軍強大，即使沒有王參戰也能取勝。但在漢王則不然，如果王為漢軍之敵，則有武關之險，可保無虞。若王歸漢，必以王為右翼，借王之力以滅項王，取天下。因此，漢王對王極為重視。楚漢之間，利害分明，願王明辨之。」

英布似乎對隨何的雄辯感到動心，可是，依然猶豫不決。隨何見英布已被打動，心想：「該想個辦法令他痛下決心。」

正巧，這時楚使來到。當楚使知道漢使隨何前來策動英布之後，立刻發兵包圍九江王府，想要以武力脅迫英布發兵為楚作戰。

隨何聽到消息，也馬上趕往九江王府，走到楚使面前大聲宣稱：「九江王已經歸順漢王。」楚使大驚，憤而離去。英布嚇得臉色發白，但見情勢已發展至此地步，不得不有所決定。便下令殺死楚使，背楚歸漢。

2. 夏恩霍斯特客死布拉格

西元一八一二年六月，拿破崙率領四十六萬大軍遠征俄國，雖已佔領俄國首都莫斯科，卻無法獲得最後勝利。由於飢寒的威脅，終於在同年十月九日開始撤退，直到年底才全部退出俄境。途中飽受風雪之苦與俄軍追擊，最後，活著回到法國的只有一千六百餘人。

趁著法俄戰爭失敗的機會，普魯士立刻起兵反抗拿破崙的統治。普魯士各高級將領及參謀總長夏恩霍斯特，都興致勃勃地展開獨立運動。

但拿破崙是個難纏的對手，他立刻又組織了一支二十萬大軍，在易北河西岸展開反攻。普將布魯克指揮由三萬五千名普魯士軍，與八萬五千名俄軍組成的普俄聯軍，在呂城與巴烏城兩場激戰中，竟被法軍打得潰不成軍，只得向法軍求和。拿破崙也正因長年征戰，急需休養生息，便欣然接受求和。

夏恩霍斯特分析兩次戰敗的原因，在於普法兵力懸殊，於是他擴大軍隊編制，並決定和擁有十五萬精兵，一向堅守武裝中立的奧地利結盟。

奧地利與法國是世仇，普魯士一提出聯盟要求，立刻同意。但是，一八〇五年奧斯特里奇會戰的慘敗經驗，使得奧地利患了拿破崙恐懼症，再也不敢輕言向法軍挑戰。

夏恩霍斯特為了抗法，決心親自前往奧地利首都維也納，向奧相梅特涅進行遊說。他帶隊於同年五月抵達布拉格，欲轉往奧京。沒想到，奧國政府竟然拒絕他入境，他只好暫時滯留布拉格。

原來，梅特涅根本不願再言戰。而不懂「揣情」之術的夏恩霍斯特，便焦急萬分地留在布拉格，浪費許多時光空自等待。更不幸的是，夏恩霍斯特的腳傷突然惡化，轉為敗血症，於同年六月二十八日在布拉格鬱鬱以終。

3. 就任演說與辭職演說

新行政院長產生之後，第一件事就是羅致閣員，組成新內閣。接著，是新內閣記者招待會，新閣員們個個春風滿面。發表演說時，可以很清楚地察覺，由於人民付與的關懷和託付，使他們感覺到身肩重任，因而在演說時便明顯地反應出他們的心理狀態，有些人是滿腔抱負，自信十足，有些人則是戒慎恐懼，不敢輕言。這就是鬼谷子所謂「其甚喜之時」，所表現出的真我。

此外，被迫離職的官員們在離職前發表的公開演說，也可以清楚地看出這個人的人品、主張。這就是鬼谷子所謂的「其甚懼之時」所表現的真我。

4. 正直的證券行老闆

有一位證券行職員某次悄悄向朋友耳語，他說：「我們公司董事長是個直腸子，做人處事一點不打折扣。」

追問之下，原來是這麼回事：

一般中小企業的負責人，往往藉股票投資做為賺錢的手段，通常以公司資金買A公司股票，再用自己的金錢買B公司股票。一旦A公司股值上漲，而B公司呈下跌時，企業負責人就會向證券行要求把A公司股票改為私人名下，而將B公司股票改登記在公司名下。以便把自己的損失移轉給公司，而將公司利益佔為己有。

只要有人提出這種要求，證券行通常不會拒絕。但是，這位證券行董事長竟斷然拒絕。因此，職員說他是個直腸子，但是，他也因此贏得眾人的信賴。

第八章　摩

——所謂「摩」，就是拳擊手正式攻擊前的跳躍試探。拳擊賽時，拳擊手會一邊跳躍，一邊從四面八方揮拳試探，觀察對方的反應，以判斷對方的意向與實力，最後才進行決戰。

「揣」是直接探測對方的內心活動，「摩」是針對對方的身體進行刺激，使對方產生心理反應，可說是一種間接探測法。實施的秘訣在於適時刺激對方要害，以微小的力量產生強大的效果。

「揣摩」二字，一般字典的解釋是「推測事情的狀況」。「揣摩」又常和「臆測」連用，意思是「任意推測形勢」。

此外，「揣摩」一詞也常被與「盲人摸象」聯想在一起。盲人摸象是指一群盲人分別去摸一隻大象，每個人摸到的部位都不一樣，但是，都認為自己摸到的就代表一整隻象，於是，每個人心目中都有一隻象，卻沒有一個人的象是真實完整的。換句話說，「揣摩」給人的印象是「無根據的，不正確的」。

事實上，「揣摩」是一種很具體，很講究實證的查驗法，除了以見聞進行查證外，還要實際觸摸實體，以確定其反應。因此，它純粹是受語言文字意義變遷之累。「權謀」亦同，它的本意是「放在天平上進行正確計畫」，不知何時，變成陰謀家的略稱，而「權謀術數」連用，意思就變成「以巧妙的方法欺騙人」。

「揣」的目標是直接探測對方的內心活動，而「摩」則是「揣」的手段，是利用外在活動的表現，藉以了解其心理活動的間接觀察法。

「摩」的秘訣是瞄準對方的心理要害，以微小的力量激起強烈的反應，要使對方的反應表現在外。能做到這點，就等於完全掌握對方，可以按照自己的意思操縱對方了。因此，摩術專家必定是在對方毫無警覺中悄然接近，然後無聲無息地離去，在對方一無所知情況下，已成功地得到所需的反應資料。

摩是以對方的反應為主。雖然施術的人是我，但是，必須要對方有所行動，才算施術成功，否則，就等於沒結果。

古代的摩術專家，就像釣魚專家一般，只要眼望深淵投下魚餌，必定能釣上大魚。

聖人的事業無往不利，聖人的軍隊戰無不勝。但是從沒有人留意到，因為聖人是在悄悄地運用摩術，人們未注意，所以嘆為神機妙算，而對其輝煌成果，視為奇蹟。

俗語說：「主事日成」，聖人平時默默地積德行善，人民都安於他的統治，甘心服從他的領導，接受他的恩澤。

而「主兵日勝」，就是聖人戰而不爭（不使用武力），根本用不著戰爭的費心，就使敵人畏懼服從。

摩的方式千變萬化，可以適應當時狀況，自由運用。以「謀」為主的，就要重視其周密性；以「說」為主的，就要注意能讓人聽得明白；以「事」為主，當然就是重視其成功率啦。要使摩術成功，就要重視這三項要點。能做到謀而周密，說而能達，就達到「結而無隙」的境界，自然能夠成功。

一般事情所以能成功，是因合乎道術原則，而道術的行使，則需配合適當時機。遊說之所以能成功，必定要適應對方的心理狀態，配合對方的心理狀態而提供策略，對方必能欣然接受。

任何東西都是以物性相近的先結合。因此，有反應時，必是類似的東西先反應，外界給予什麼樣的刺激，表現出來的也必是相同的反應。以摩術探測對方心理，就是這個道理。

明白摩術機微的人，就不會喪失時機，在成功後便悄然離去，策略施展得適切而巧妙。若不斷使用摩術，便能成功地教化天下、統治天下。

＊謀略不過是個導火線，若是對方身上沒有火藥，誰也無法引起爆炸。

1. 按摩

將摩表現於有形的事物上，就是按摩。笨拙的按摩師傅，即使用盡力氣也無法讓人產生快感，而高明的按摩師傅只要用手輕輕一觸，立刻令人舒暢無比。因為，他們直接按壓到壓力反應的所在，也就是「穴道」所在，所以，用力雖微，反應卻大。

根據有經驗者的說法，指壓能化解物理上凝聚的淤血，並且刺激神經，使各有關部分的生理機能變得活潑。

2. 世上沒有無弱點之人

間諜工作的程序

間諜工作有一些程序：

一、確立目的——決定想知道些什麼？

二、確定對象——即情報來源是在哪個人身上？

三、決定如何接近。

據說，一個老練的諜報員想知道的事情，絕沒有人能瞞得過他。凡是他想刺探的對象，必先從各方面徹底調查清楚。諸如此人的賢愚、欲望、嗜好、健康、財產、花費、工作態度、工作上的不滿、事業現況、家庭狀況、社會關係……等等，鉅細靡遺，一一清查，並且列表檢討，找出對方的弱點。因為，世上沒有無弱點的人，只要朝著對方的弱點做幾次重點攻擊，一定能圓滿達成任務。

長生不老藥

某地方有位隱士，他既健康又富有，生活得自由自在，愜意極了。他擁有廣大的土地，都交給旁人管理，當管理人徵詢他對計畫的意見時，他除表示可否外，絕不表示其他意見。

說服一位心中沒有任何不滿足的人，是件極為困難的事。因此，有個人想找出隱士的弱點，決定去找他談談。那個人出門時，順便買了一棵枸杞樹苗。

他一走到隱士家門口，就高聲說道：「我送長生不老的藥來了。」結果，他的遊說成功了。因為，隱士聽他的話收下樹苗。可見，世上任何一個人，都有妄想長生不老的弱點。

受賄使你變成弱者

賄賂，就是以金錢財貨贈給握有權勢的人。

要進行賄賂也不是一件容易的事。因為臨財不苟雖然不容易辦到，但是，受賄者可能會有良心上的負擔。更重要的是，一旦東窗事發，必定身敗名裂，不可收拾。所以，受賄之前必須考慮後果。

通常，會成為人們賄賂對象的，都是些擁有權勢的達官貴人。只要他們收下賄款，即使只是很少的一筆錢，雙方的立場就會為之一變，受賄的一方立刻會變得軟弱。因為受賄者擔心被揭發，賄賂者就可以抓住對方這項弱點，做無止盡的需索，受賄者只有愈陷愈深，終於到萬劫不復的地步。

有些受賄人居然寫收據給賄賂者，真是無以復加的愚蠢，賄賂學第一課便不及格。「洛克希德航空公司賄賂事件」就是一個最好的教訓，這個事件，只憑一張紙便將日本田中角榮首相逼下台。

3. 推銷技巧

有些名人在演講時，會徵得主辦單位的同意，當場展售自己的作品。這種行為可算是市場學的一種靈活運用。

大部分學者在演講時，都會隨時注意觀眾的反應，以確定演說的效果。如果觀眾反應不佳，他們會立刻改變話題及演說內容，或應觀眾要求，回答各種問題。等到演說完畢時，可以從觀眾掌聲的熱烈程度，評定此番演說是否成功。不過，有些掌聲或許只是表示禮貌而已。

真正可以代表觀眾滿意程度的，是現場售書的情況。免費贈送的書當然不用提，不管有趣沒趣，誰都願意順手帶一本，這不能證明什麼。因此，若能當場賣出許多書，便是演說成功的最大證明。可見，演說人在演說會場出售自己的著作，也是一種具有市場調查性質的摩術。

第九章　權

——「權」就是「衡量」的意思。是以合理的方式考察對方的能力、思想以及事物的利害、優劣，藉以確定對方的優缺點。然後，我們便可利用自己的優勢力量戰勝對方，完成一次成功的外交。

俗語說：「看人說話。」無論遊說或計謀，都要視對象選擇不同的方法。只要針對對方的缺點進行謀略，就能輕易完成使命。例如：愈富有的人愈重視名譽，而一個有權勢的人，則特別希望得到金錢。反過來說，有名位的人不看重名位，富有的人不重視金錢，這是人類共同的心理傾向。

選擇辭令時應謹慎，若無法給對方利益，必難以說服對方。

說話有許多種型態：禮貌上的應酬辭令，只是為討好對方使氣氛融洽，本身並無任何意義；「仗義之言」在闡明真偽，需要掌握確實的證據才行；「難言」是反對之言，目的在誘出對方真話；「佞言」是諂媚的話；「諛言」是想使自己成為智者，故意裝得博學多聞的模樣；「平言」是想製造勇者的形象，故意表現得剛毅果決；「戚言」是想博取對方信賴，故意裝做關心對方；「靜言」是裝得溫和冷靜，以誘導對方發出反論，再適時予以打擊。

此外，「諂」是自己主動給予。「博」是大量運用文章與雄辯。「權」是策畫各種謀略。「決」是有決斷不猶豫。「反」是責難對方。

口是傳達情意的器官，閉上口就無以表明思想感情。耳目是為心收集情報的器官，善用耳目就可以識破奸邪。只要充分運用心、耳、目各器官，雄辯時就不致於混亂，可以大肆發揮，即使在辯論中途數度改變方式，仍能抓住主題。若不善用耳、目，天地間的五色、五音都會變得毫無意義。

有人說：「口是用來吃飯，不是用來說話的。」可是人往往因說錯話而招來禍害，這都是嘴巴惹的禍。所謂「眾口鑠金」，一旦形成輿論，所造成的禍害更是無與倫比。若希望自己說的話受到別人重視，做的事情能夠成功順利，那麼，就要善用自己的優點。若誤用缺點，反會使自己受害。

任何人都有優缺點，即使是一個聰明人，他的缺點和愚騃也未必如一位愚者的優點與巧處。因此，使用一位智者的缺點，倒不如使用愚者優點來得容易成功。同理，使用智者的笨方法，還不如使用愚者的巧方法。

介蟲靠堅硬的甲殼防身，毒蟲以毒針攻擊敵人。連禽獸都知道運用自己的長處，人類反倒不知善用自己的優點，豈不枉為萬物之靈？

言語可分五類：病、怨、憂、怒、喜。「病言」虛弱而缺乏魄力，「怨言」混亂而缺乏條理，「憂言」鬱悶而缺乏說服力，「怒言」妄動而缺乏控制力，「喜言」得意忘形，易惹是非。這五種言語各具長短，應善用其長，便可以得利。

在外交方面想要有所成就，就要對智者發揮我們的博學，對愚者運用我們的雄辯，對雄辯者報以沉默，對尊貴者報以權勢，對富人報以名位，對貧者報以財富，對賤者報以謙恭，對勇者報以果敢，對強敵報以堅甲利兵。總之，就是要針對對方的個性，運用我們的優勢力量。

臨機應變也很重要。如果不能捉住對方弱點，就算將各種說詞都用盡也無法打動對方。古人說：「聽貴聰、知貴明、詞貴奇。」聰明是要巧妙運用的，而不是亂用。

1. 福島之戰有欠權量

英國首相佘契爾夫人一接到阿根廷軍佔領福克蘭群島的消息後，立刻下令出動主力機動艦隊遠征南大西洋，在我們看來，這個決定實在太過輕率。究竟這位鐵娘子是在打什麼主意？以什麼為權量標準呢？

一般而言，開出一支艦隊的開支，有如借一筆高利貸。因為，艦隊一旦駛出軍港就得支付一筆龐大的油費、人事費等，而且艦隊不能輕易撤回，所以，在進入另一港口之前，經常都以快速度航行，以節省油費開銷。可是，福克蘭群島周圍根本沒有足供大艦隊停泊的港口。因此，這支艦隊從英國開出之後，就不斷在浪費大量的石油，為英國造成一大經濟負擔。

此外，艦隊官兵的薪餉比其他軍種高出三倍。還有「加給年限」問題，戰時服役一年，約等於平時服役三、四年之久。加上戰後的撫卹、行賞等，真的是一筆相當不小的負擔，很可能使原本財政狀況不佳的英國為之破產。

我們為英國估計一下：一九八二年四月到六月，兩個月期間，英國損失的戰艦、武器、彈藥等，總值約十一億美元，兵員陣亡約五百人。物質的損失還可靠日後彌補，兵員的傷亡則是一項永遠無法彌補的損失，英國付出的代價不可謂不大。

可是，付出如此昂貴代價奪回的福克蘭群島，英國是否能繼續保有呢？以前，福島人民的生活物質，一向仰賴阿根廷本土供給，今後，必須全部靠英國船艦運送，而且，還多了三千餘名守軍的開銷。在阿根廷空軍的威脅下，三千多名守軍保得住福島嗎？若英軍無法守住福島，是否就要將福島拱手讓與阿根廷呢？

那麼，英國發動這場戰爭，合算嗎？但是，假如英國坐視不管，任由阿根廷侵佔福島，就等於是向全世界宣佈，沒落中的大英帝國已聲威盡失，整個英國殖民地也可能為之崩潰，因此，她寧願得而復失。

＊戰爭是為了求勝，但是，勝利後的善後問題也應列入考慮。（克勞塞維茲）

如果英國曾考慮到這句格言，她就該在和平狀態下將福島讓與阿根廷，因為，福島距離英國太遙遠了。如果是為保護福島周邊的資源，及插足南極大陸著想，福島是頗具軍事地位價值，但是，絕不至於重要到值得為它拼命的地步。

沒有它，英國不會活不下去，而為了它，英國卻損失了許多年輕的生命，這點淺顯的道理，佘契爾夫人應該十分明白。

除了佘契爾夫人過於衝動外，阿根廷總統賈蒂瑞也要負相當大的責任。多年以前，在歐洲發生過一樁類似的事件，那就是一七四〇～一七六二年發生的「西里西亞戰爭」。

西里西亞位於奧得河上游，是一塊富庶、資源豐富的地區，不僅在經濟上具有重要地位，也是重要戰略地帶。只要能掌握這裡的經濟資源和軍事要塞，等於控制奧地利和

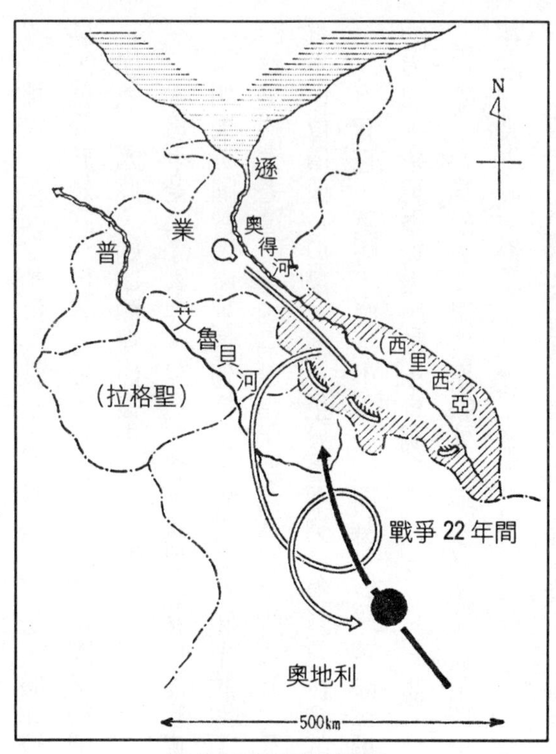

圖7　西里西亞戰爭

普魯士的咽喉，因此，成為歷代兵家必爭之地。

當時，這裡屬於奧地利的領土，而正高唱軍國主義致力富國強兵的普魯士，則虎視眈眈，千方百計地想進行掠奪。

一七四〇年十月，德皇查理六世駕崩，由瑪莉亞．德利沙公主繼承皇位。女皇即位之後，紛爭四起。野心勃勃的普魯士國王腓特烈二世，認為這是千載難逢的大好機會，就在同年十二月十六日發兵佔領西里西亞。腓特烈二世的作法屬於三十六計中的「趁火打劫」，完全是一種軍事侵略行為。普王師出無名，是和阿根廷狀況不同之處。

德皇瑪莉亞・德利沙大為震怒。雖然德國已趨沒落，可是，當年神聖羅馬帝國統治下的奧地利依然在她的管轄之內，她不能對此無禮行動表示沉默，否則，德國的國際威信蕩然無存，恐怕各國都會看輕她，爭相侵略德國。於是，她立刻號召歐洲各國出兵，為正義而戰。

當時，歐洲的國際關係相當錯綜微妙，各國統治者都費盡心血以維持均勢。

普魯士的侵略行為，立刻使全歐陷於混亂，就連俄國也受到波及。由於沒落帝國奧地利為面子問題而戰，歐洲各國為維持均勢而出兵相助，使普魯士陷於二十二年的長期苦戰中。使普王腓特烈二世大出意料之外，後悔莫及。幾次企圖自殺不成之後，他乃致力於政治補救，終於使普魯士倖免於滅亡，並保住西里西亞。

如果阿根廷總統賈蒂瑞，在發動福島戰爭之前，先研究一下西里西亞戰爭的前因後果，他是否能產生與腓特烈二世相同的覺悟呢？

當年腓特烈二世的戰略是：「先擊敗奧地利的野戰軍，佔領其首都，再以法軍為對象，擊敗法軍佔領巴黎。」這個錯誤的戰略違反兵法上的原則，給腓特烈二世帶來無窮遺恨。賈蒂瑞所犯的過失和腓特烈二世一樣，自然也遭遇到相同的戰爭苦境。不過他還有一張王牌可以挽救。

賈蒂瑞的最後一張王牌是：擊沉英國的航空母艦。只要英國喪失航空母艦，英軍就無法在福克蘭海域駐紮，阿根廷自然變成贏家。可惜，阿根廷始終沒這麼做。

總之，佘契爾夫人和賈蒂瑞總統都太小看這次的福島戰爭，也就是說，他們的權量都不足。不論是國家或公司，領導人都必須具備超人的才幹，唯有領導人物全力以赴，才能保障人民的生命財產，使公司職員生活無虞，他們的責任是相當重大的。

2.《孫子》的主張——五事七計

戰爭是國家大事，關係著人民的生命、財產及國家的興衰存亡，必須慎重為之。若要發動戰爭，必須先考慮五個條件與七種狀況，即五事七計。

五事分別是道、天、地、將、法。

「道」是使國民與領袖同心同德，共同為國家興亡奮鬥的政治作為。「天」是指天時。「地」是指地勢。「將」是指軍事人才。「法」是指軍隊的編制、紀律及武器裝備等。

以上「五事」凡是軍隊將領，大概都曾聽說過，只是未必都能理解其真正意義。因此，誰真正理解誰就是勝利者，不懂的人就是輸家。

想明白五事的狀況，就應檢討七計：

第一，對方國家的君王能否行賢明政治？第二，對方的將領能力如何？第三，天時與地利何者較佔優勢？第四，對方國家的法令紀律如何？第五，對方的軍隊裝備如何？第六，對方的軍隊訓練如何？第七，對方的軍紀是否賞罰分明，嚴正公平？

能在戰前檢討以上七計，就等於事先掌握勝負。

除非為國家整體利益，否則不可輕易用兵。若無勝利把握，絕不要發動戰爭。若與國家存亡安危無關，更不可興兵。

一國領袖絕不可因私人恩怨而發動戰爭，將領也不可因私人情緒而出兵作戰，凡事一定要事先做冷靜合理的考慮，確定戰爭有利時，才可以作戰。事實上，無論你的情緒多麼激烈、憤怒，都會因時間而沖淡。但是，國家一旦滅亡，就很難再度復興，將士一旦戰死，也不可能令他重生。

3. 多的還想更多

許多人以蒐集為嗜好，例如蒐集郵票和古錢，樂在其中，永不厭煩。這類人都有一種特異的心理現象，就是所蒐集的東西越多，他們的興趣也愈濃。贈送這些人與他們蒐集品同類的東西，遠比贈送他們所沒有的東西更令他們歡喜。

有位中學老師被他的學生取個綽號叫「撿破爛的」，因為，他很熱心於蒐集紙類，不管學生拿什麼樣的紙來，他都很歡喜地收下。

這位老師說：「蒐集任何物品，都必須抱著千分之三的希望，只要一千份中有三份是有價值的，他這蒐集就算很成功了。換句話說，若沒有九百九十七個錯誤的蒐集，絕對無法獲得三件真正的價值品。這就是我來者不拒的原因。」

事實上，一般外行人面對一張火柴盒商標，他無法判斷這張紙是否具有價值。如果讓他心存恐懼，唯恐拿到沒有價值的東西送你，會遭到嘲笑，那麼，你的蒐集工作便會大受影響。反之，如果你無論人家送你什麼，都表示欣然接受，就會鼓勵人們更積極地為你蒐集，很可能，那千分之三的機會，就在人們送你的一堆廢物中。因此，千萬不要拒絕任何機會，只要拒絕一次，便可能使你的蒐集工作歸於失敗。

4. 錯誤的商業算盤

以前一些知名的鐘錶公司不願向東南亞輸出產品，因為他們認為東南亞人民貧窮，即使最廉價的普及型手錶也買不起。

但是，當他們到東南亞的鐘錶櫥窗一看，卻發現全是些一般人買不起的豪華型高級手錶。經過詳細調查後發現，原來，當地戴錶的都是些王公貴族和富豪之流，身上都佩著昂貴的寶石飾品。而一般老百姓則確實很窮，連最廉價的手錶都買不起。

有一陣子，美國市場風行每只售價一美元的廉價手錶，後來，這種錶挾勝利餘威登陸日本與東南亞。

這種錶雖然便宜，但走得極不準確，使用壽命也短，大約一年之後，就成為無法修理的壞錶，而它的最大優點就是廉價。這種錶登陸日本初期，獨佔了百貨公司櫥窗，為日本手錶業帶來很大的震撼，許多人擔心面臨倒閉。後來，事實證明這一切只是多慮，真正倒閉的反而是那些進口一美元手錶的業者。

二次大戰結束後，日本鐘錶市場推出一種小型女用手錶，剛推出時頗風行一陣子，於是引起其他鐘錶製造商眼紅，爭相推出更精巧的女用錶。不久，那些鐘錶製造業者都大呼吃不消，因為那些小型女用錶根本銷不出去。

自從婦女解放運動之後，一些單身的職業婦女，成為薪水階級中最富有的一群人，而奇怪的是，這一群人大多喜歡戴男用手錶。

最後，鐘錶業者還有一次錯誤估計，那就是數字型電子錶事件。數字錶沒有指針，構造簡單，又省電，小小一個電池能用上三年，因此，曾以驚人的優勢風行世界市場。

數字錶的優點很多，它利用一組電腦，可以明確地顯示出月、日、星期，可以計算時差，又兼具計算機功能。但是，它卻有一個很大的缺點，例如，某人在十二點四十五分看錶，他想知道還差幾分十三點，就必須運用心算，很不幸地，歐美人相當不善於心算，因此，數字錶對他們而言極不方便，而舊式手錶在字盤上刻著明確的數字，一看就知道還差幾分十三點。

由於為計算時間而苦惱的人相當多，平時慣用算盤的東方人更是重視這個問題，因此，數字錶又造成滯銷，手錶製造商只好又恢復生產舊式手錶。

由以上的例子可以明白，在商場上，顧客心理研究是一門相當重要的學問。

第十章　謀

——「謀」與「權」之間有相當大的關連，一般人都將它們連用，並稱「權謀」。「謀」的意思是「計劃、方法、手段」，宗旨與權篇相同，都是在進行遊說時，先設法了解對方狀況，重點在於「求其所因以得其情」。

在褒貶人物，判斷一個人的能力時，應依照一定的原則，那就是：「褒貶前要先確定標準。」

先確定標準再評論人物，就可以將人物劃分為上、中、下三個等級，再依照各級人物的特色，分別施用合適的手段，如此才能得到最佳效益。

有兩個人，他們同受君王寵信，兩人皆是成功者，那麼，他們的感情必然很好。或者，他們都同遭君王憎恨，或同受某人迫害，也會增加彼此的感情。但是，若只有其中一人成功，或其中一人遭受迫害，則兩人必定離心離德，甚至反目成仇。

總之，若彼此互為利益，感情就會親密，若彼此地位相反，就會導致感情疏遠。這種情形在日常生活中，也時常碰見。

一道堅固的牆，只要開始有了裂痕，不久就會因這道裂痕發生塌圮。木材往往從木節處折斷，也是同樣的道理。任何事情的發生，都必定有個起因，只要從起因處施用謀略，就有很大的成功率。

一個重視仁義的人，必定輕視物質財貨。因此，不能以財貨引誘仁義之人。一名勇士絕不畏懼危險與困難，因此，不能以憂患脅迫他們，應該誘使他們冒險行動，再從中利用。智者通情達理，絕不能用刺激感情的方式使他們聽命從事，寧可對他們說理，喚醒他們的理智。

只要弄清楚對方的個性，對症下藥，通常都能將對方完全掌握。

愚笨的人容易受騙，不肖的人容易受脅迫，貪婪的人容易被誘惑。一個謀略家只要能掌握對方特色，便能收放自如地控制對方。

強可由弱積累而成，直（有能者）可由曲（無能者）積累而成，貧也逐漸積累而為富。

因此，縱使對方是弱者、貧者、無能者，也不可過分輕視，只要好好運用，依然可以積弱成強，積曲成直，積貧成富。

對於外表親善而內心疏遠的人，應就其內心疏遠之因進行說服，而內心親善外表故意表現得生疏的人，則要就他外表生疏的原因進行說服。對一切懷疑，內外不親的人，就利用他的多疑改變他。對固執己見的人，要先讓他聽別人說理，對自行其是的人，則讓他噹噹後果。如果對方是個有勢力的人，則先讓他盡情發揮。做完第一步，再進行謀略，就容易成功。

如果對方有憎恨、害怕的對象，就要從他所憎恨、害怕的對象著手，藉以判斷他們的個性與想法，再根據情況，以「摩」進行威脅，或利用煽動法進行控制。只要適合對方的個性與心境，就是成功的計謀。

進行計謀時最好不要過於明目張膽，應該適應策略與對方心境，悄悄進行。能配合情境才顯得自然，不易被看出破綻，施策的成功率會更大。

施策的原則往往是正（正統方法）不如奇，因為奇不斷在變，會讓對方窮於應付。因此，要對君王獻策以求晉身時，不妨使用奇招，而要說服君王的手下時，則以在暗中進行為宜。說話的方式完全看對象、場合而定，在某些場合應該公然提出自己的主張，畏首畏尾將引起人們的輕視，應該含蓄沉默時，則不宜發表意見或評論他人是非，以免惹來不測之禍。

不要強迫別人做他不願意做的事，不要就對方所不知道的事提出責難。若知道對方的嗜好，應該學著去迎合對方的嗜好，若知道對方厭惡那些事情，就應該避免談論那些事情。一名成功的謀略家，必定是在暗中進行謀略，而公然地享受成果。

不必挽留求去的人，讓他自行離去，等他嚐到失敗之果，你才有機可乘。不以貌取人的人，大多頭腦冷靜、理智，最值得信賴。因此，在進行謀略前，應該先明瞭對方的個性、才幹、思想，才有成功的機會。

根據這個道理，又可以導出一個結論，那就是「以制人為貴，受制於人者為拙。」制人則可以掌握大權，受制於人則可能被置之於死地而不知。因此，聖人都在暗中進行謀略，所以成功機率大，愚人凡事張揚，行事不易成功。

愚人經常陷於危亡艱苦的情境，一旦陷入危亡苦境之後，就不易轉危為安。智者明白這個道理，所以能小心從事，避免陷於危亡困境。

智者能知人所不能知，用人所不能用，以成功的策略使對方受他的控制。

古人說：「天地之化高而深，聖人之道行而隱。」所以，並非只有忠信仁義才是中正之道，能明白這個道理，才能明白謀略的真義。

1. 觀其所由

本章開宗明義就說過，要「得其所因以求其情」。

孔子在《論語》一書中，曾提出「視其所以，觀其所由，察其所安」的主張，就是強調在評論人物時，要直接接觸，親眼觀察，經過一番考驗，了解對方的言行舉止後，才能明白對方的思想方式。

2. 踏影遊戲

日本有一種小孩玩的遊戲，叫「踏影遊戲」，玩法是分成兩組，彼此追逐踩踏對方的影子。

當追逐者追上對方時，就立刻用力踩踏對方的影子，若對方及時蹲下，影子隨之消失，對方就會踏空。因此，施展謀略時，也應針對實體，若追逐表現在外的假象，就等於玩踏影遊戲，費了大半天的勁，居然被影子所玩弄。

人不可受影子所玩弄，更不可成為影子。如果成為別人的影子，這美好的人生豈不是虛度了嗎？尤其是有心為大眾謀福利的人，更不可受人利用而盲目賣力，反而為大眾帶來不利。他們應該時常想道：「做這件事有那些人能蒙受其利？」

3. 根絕禍源（馬基維利）

想壓制具有政治野心的市民，最好事先切斷他們的權力之路，並避免讓他們獲得奪取政權所必需的武器。

打倒佛羅倫斯獨裁者科西摩•麥第奇，再將他放逐，雖然是個很好的方法，但是，若想到他最大的依恃就是能籠絡民心，由此著手，讓他與民眾隔離，自然可以毫不費力地將他放逐。能不用武力，不費一兵一卒而達到目的，自然是更妙的方法。

皮羅•索德利尼造成他在民眾間是「熱愛共和國的自由派人物」的印象，贏得大眾支持，也贏得他在佛羅倫斯的權勢、聲譽。

如果他的政敵切斷他的民眾支持，使他無法繼續發展他的權勢，那麼，僅憑議會和委員會的辯論，就可以使他下台，根本無需採取推翻共和國的危險手段來逼使他下台。由於他的政敵與放逐中的麥第奇聯手，借重外籍兵團的勢力，終於使索德利尼垮台。其實，索德利尼應該比他的政敵早一步和麥第奇聯手，那麼，垮台的人就不是他了。

第十一章　決

——「決」是指兵法家為人解決迷惑的事情，因為，人在迷惑之中，總是很難下定決心，果斷從事。但是，事情必須要解決，依然免不了要下決斷，那麼，該如何下決斷呢？

《鬼谷子》主張要觀察萬事的機微以下論斷。他的偉大之處，是萬事都不倚賴占星、神諭以「決」吉凶禍福，而主張根據齊全的情報資料，作合理判斷。他承認現實人生的價值，而將不能理論化之處歸之於卜筮，倒是提供了一個解決情感歸依問題的方法，這一點在《孫子》以及克勞塞維茲所著的《戰爭論》之中，都有相通之處。

「決」就是為君王解決疑難，因為，人在迷惑中總是較缺乏決斷力，而人的本性都是趨福避禍，因不知何者是福是禍，自然取捨不定。

「決」的最大效果，在於即使災禍已迫在眉睫，仍能為君王解決迷惑，使君王免於利的重要因素。

災禍。因此，「決」必定有利，無利就不能為「決」，而使用奇招則是「決」所以能得

＊將司旗鼓，臨難決疑。（尉繚子）

為人決疑的人，應該以善為利，若勸人為惡必不為人所接受，一旦喪失信用，必定為君王所疏遠。若因此而使君王蒙受損失，遭遇災害，就是獻策者的失敗。

聖人成功之法有五：陽德、陰賊、信誠、蔽匿、平素，分別針對不同的問題與對象而用。施用時，再配合一言（無為）、二言（有意）、平素（平明）、樞機（樞要）四者，巧妙運用。

一般王公大人決策之法（正統方法），是檢討過去的經驗，根據統計結果，判斷能否適用於未來，再拿平素所發生的事對照衡量，若可行，就斷然付諸實行。因此，正統的決策方式，都是根據合理、現實的情報加以判斷後，再做裁決。

有些事情事關重大，或難度高，或危險性大，無論要花費多大的努力，只要可以消除禍患，爭取人們幸福，就應該用心檢討，判斷可行之後，立刻拿出勇氣，斷然付諸實行。

一件事情的成敗，社會的治亂，往往取決於主政者判斷狀況及下決心（決疑）的情

形。決疑是件相當困難的事，因此，古代許多賢君明主在費盡心思仍無法決疑時，就仰賴占卜，藉此消除內心的不安情緒。

1. 首長是決策人物

兵法和策略、戰術成功的關鍵，在於「準備決心、下定決心、實踐決心」，而經營是決心的過程，各級幹部及首長是決策人物。

影響決策的最大因素，就是對事物的迷惑，因為一旦決策錯誤，便可能招來極嚴重的後果。但是，有時則是因兩種方式利害不同，必須在兩者之中擇其一。比如說：往右道，危險，但利益大；向左轉，安全，但利益較小，即使成功，也僅有微小的利益。此時，也會陷於矛盾，無法下決心。

面對疑難時，應該以思考判斷狀況，如果不經過思考直接求助於神，就可能浪費時間，錯失大好良機。世界上並沒有一種絕對完美的策略，當古人面對抉擇時，就利用占卜、神諭，以決吉凶，也就是藉助情感的處理方式。

雖然任何策略都有缺點，但也有其優點，決定其中一種方式後，吾人就應想辦法加強其優點，以彌補缺點，即要截長補短，以加強其效益。

2. 決心十三則

(1)危難即是機會

危難與機會可以說是一體二面。相同的狀況，名將會在其中找機會，庸將則在裡頭找危難。當庸將找到危難之後，便不假思索地宣布放棄。事實上，面對危機，試圖改變狀況，就可以變成機會。

(2)向恐懼挑戰

下決心之後，便帶來影響重大的結果，因此，感到恐懼乃是理所當然的事。你可以感到恐懼，卻絕不可以逃避，逃避只會使事態愈加惡化。不如周密地進行狀況研判，鼓起勇氣面對挑戰。

(3)先發制人

抱著先下手為強的決心，使事情照我方的步調進行。當你採取先發制人的行動後，對方必定在精神上有受挫感，以致手足無措。

(4)隨時判斷，適時決斷

運用狀況判斷以下決心。狀況判斷是為下決心提供資料，因此，要隨時就不同的狀況進行判斷，以利實行。決心是依據狀況判斷所提供的資料，適時做成決斷，下決斷後就要付諸實行。

如果毫無目標地進行狀況判斷，容易造成混亂，藉此所下的決心，就無法貫徹；而時常改變決心，必使你失去部屬的信賴。要知道，狀況判斷是民主的，還可商量，決心則是專制的，絕不容改變。

(5)不要完全依賴情報資料

不要擔心情報資料不確實，事實上，因為人為因素的關係，其中往往有四分之三的不真。如果全部資料都確實可靠，就不必依賴人腦研判，直接輸入電腦，交給電腦指揮就行了。

(6)先計算，再超越

在我們所面對的事情之中，有些事無法光憑理論解決，必須依賴第六感的協助。但是，光憑第六感也不可靠，應該在事先全力計算得失，而不拘泥於計算結果。因為人生中總有些賭博的成分。

(7)掌握一般方向

決定前進的大概方向（方針）。即使有些不準確，只要通觀大體情勢，不弄錯大方向即可，些許的小差錯可隨時改正。

(8)掌握要點

若市場上百分之八十的商品，都集中在百分之二十的上層顧客所購買，那麼，就集中全力，前往會見那一群顧客。要親自拜訪，電話可能帶來反效果。

(9)無法下決斷時，表示怎麼做都好

如果利害懸殊，就根本不會有迷惑發生。當難決時，隨便拋個銅板決定，算是向神徵求意見。

(10)截長補短後的策略是最高明的

若想尋找零缺點的策略，等於是浪費時間，不錯失時機才是最重要的。因此，只能期望掌握缺點最少、設法製造出次佳的策略。任何策略都有其優點及缺點，如果能夠發揮其優點，補救其缺點，經過截長補短所設計出來的次佳良策，要比想像中的無缺點良策，實際而可行得多。

(11)不能壓扁就將之拉長

不要忘記隨時改變方略。要對方貪婪多欲，就多給他一些利益。如果讚美不行，就罵罵看。

⑿從頭做起的勇氣

如果按原定計劃繼續前進，就會誤入迷宮，那麼，回到起點，從頭做起。失敗並非完全沒有好處，至少，你可以從中得到教訓。

⒀考慮上司的意見

提供狀況判斷的資訊給最上級時，應考慮到原單位上司的立場。想一想，自己這個單位的行動，可能為其他單位帶來多少利益？你有提供意見給上下左右各單位的義務，但不必顧慮來自各方的壓力。

第十二章 符言

——本章是敘述為君王的奧義（符言）。因為，凡是世上為人君的人，都要受到以上十一策的攻擊，君王為了防身，就必須對此章多加研究利用，並就位、明、聰、賞、問、因、周、參、名多做努力，以達成治績。

如果君王能做到「安徐正靜」，就可以徹底握有統治權，掌握全國人民。若無法做到安徐正靜，就要心平氣和地培養情緒，等待安徐正靜的心境形成，再採取行動。眼睛以看得清楚為佳，耳朵以能聽得遠為佳，心則要求能具有智慧，要如何才能做到呢？

君王以天下之目看，以天下之耳聽，以天下之心想，因此無所不見、無所不聞、無所不知。若能時常三者並用，天下事就百無阻礙了。

＊以天下之目視，則無所不見；以天下之耳聽，則無所不聞；以天下之心慮，則無所不知。（六韜）

當君王聽取臣下獻策時，必定要表示歡喜，並提出意見，改進其策略。即使不喜歡所獻策略，也不可輕率推拒。

假如君王的處置不當，就會使臣下擅權跋扈，而在退朝後為所欲為。所以，臣下獻策君王一定要細聽，且絕不表示自己的意思。

無論山有多高，仰望也可以看見山頂，淵無論多深，經測量也能確定其深度，惟有明君的權位與施策，因正靜不輕易表現，因此無法知道其限度。

＊將軍之事靜以幽、正以治，能愚士卒耳目，使之無知。（孫子）

行賞貴信（堅守諾言），用刑貴必（有罪必罰），刑賞信必之事，可經由大眾的見聞加以明示，即使部分民眾不曾見聞，也會服從君王的統治。

此外，君王也可藉天地神明以披瀝誠意，只要向神明發誓信賞必罰，惡人便無可乘之機了。

＊行賞貴信，用罰貴必（信賞必罰）。賞信罰必之事置於耳目之聞見（明示於大眾），未聞見者亦從之。（六韜）

若能得天時、地利、人和的三才以觀大局，大局就不會失於熒惑（火星）。

＊天時不如地利，地利不如人和。（孟子）

心是人體九穴的管理器官，而君王是五官（視、聽、味、嗅、觸）的管理者。君王身負的最大任務，就是使五官充分活動，獎善罰惡，做到公正適切，不偏不倚。

君王的賞罰權，必須用於行使善政，如此才能賞罰合理，長保其地位。獎賞時若能照對方的希望給予，便能使對方感到喜悅，即使所給予的並不是貴重物品，也能發生同樣的效果。

君王應該通達事理，否則臣民就會起而作亂，使君王陷於孤立，內外都閉塞不通，而喪失開閉之術。如果君王能通曉事物源泉，就不會發生這種事，可見為君者必須通達事理。

天下有三寶：一是長目，就是睜開天下之目來看。二是飛耳，就是打開天下的耳朵來聽。三是樹明，就是敞開天下之心來知。

若能掌握這三寶，就能掌握千里之遙和極細極小的東西，稱之為「洞察」。一旦被洞察，任何兇神惡煞都不得不洗手革面，痛改前非。君王能掌握天下之耳、目、心，就掌握天地間最犀利的洞察力。

說過的話要確切實行，如此才能名實兼備，萬事方能順利進行。以此類推：名當（言語至當）生實，實生理，理生名實兼備之德，德生和，和生當（至當）。這就是人君的名術。

1. 安徐正靜

公司首長的最大任務，就是決定公司發展方針，這是一項冷酷嚴格的判斷，一旦下定決心就必須適時付諸實行。

首長做判斷時，必須使頭腦如白紙一般，保持心情平靜，排除任何成見，不讓感情因素影響決定。亦即「決定人事之前，應先做一夜冷靜思考。」因為決定人事時，特別容易受情感影響，所以，需要安睡一夜，使心情白紙化。

給公司首長一間漂亮的董事長室或總經理室，是為了給他們一個安徐正靜的環境。這個辦公室是用以擺放書籍、公文，若只是陳設一些昂貴的繪畫和雕刻，便與原來宗旨不合，這裡應該擺些全國、全世界的地圖。

2. 使組織力發揮效果

無論是《鬼谷子》還是《六韜》，都主張「活用天下之耳、目、心」，這也是任何一位經營者所應該奉為圭臬的一句話。

任何優秀的推銷員為推銷經理，大多尚能稱職，但也有例外。因為，他面臨的不再是單純的推銷，而是訓練部下、指導部下、指揮組織部下。如果他不善於訓練、組織，使他手下的推銷員發揮工作能力的話，任憑他個人的推銷能力多強，都不可能抵過一個完善的組織團體所能達到的業績。

因此，一位領導者必須認清一件事：親自出馬絕抵不過全體部屬合作所能達到的業績。

3. 刑賞信必

西元二二八年，諸葛亮率領蜀漢大軍北征，在渭水流域的隴地慘遭大敗。戰敗原因是部將馬謖違抗諸葛亮命令，擅做主張，誤用兵法，不率兵佔領交通要衝街亭，而在缺乏水源的山上列陣。

在山上死守的小股部隊，當然無法與平地上的大軍相抗，於是，司馬懿率領的魏軍便擊敗馬謖的部隊，佔領街亭，進而包圍在山上列陣的馬謖部隊。山上的水源被切斷，不久，馬謖的部隊便告崩潰，馬謖單槍匹馬逃出重圍。

街亭被奪，孔明的主力軍喪失後方腹地，補給線被敵軍切斷，進退兩難，不得已只好放棄北征計劃，下令全軍撤退，使蜀軍蒙受空前未有的重大損失。

馬謖是馬良之弟，精通兵法，曾數度獻策，孔明對他也極為讚賞。他哥哥馬良與孔明情同手足，因此，孔明也當他是親弟弟般地愛護他。然而，此次他違抗軍令，觸犯軍法，孔明卻無法徇情，只好揮淚將馬謖問斬。

4. 庖丁解牛

解決事情，最重要的是抓住重點。

古代有一位名廚庖丁，操起刀來神乎其技，已達到隨心所欲的境界，世人形容他解牛的情形說：「庖丁解牛，游刃有餘。」這則故事雖然出自莊子，事實上，在我們的現實生活中，也常看到這種情景。

現在這種手藝高明的屠夫隨處可見，但見他們輕鬆自如地揮舞菜刀，片刻之間，便解剖了一頭牛或豬，而且各部分的皮肉與內臟都切得整整齊齊，絲毫不損。

在熟練的屠夫眼中，動物的骨骼和肌肉的結構，都像經過X光透視的一般，清楚地映在他們腦海裡。他們切開關節和肌肉的接合點之後，利刃就順著骨骼與筋肉間的空隙游動飛舞。由於他們的刀刃都是順著弱點落下，因此，用不著大力就能將豬、牛解體，並且不會使刀刃受損。

5. 朝三暮四

在《莊子》和《列子》書中，有一則「朝三暮四」的寓言。

有一個很喜歡猴子的人，他養了許多猴子，對猴子的心理相當有研究，而猴子也和主人處得很親密。可是，主人家很窮，有時候還得省下自己的伙食費，才能供應猴子的飼料。由於，主人家愈來愈窮，最後決定減少猴子們的飼料。主人想：「如果我突然減少飼料，牠們一定會發怒，一旦惹火了牠們，可就不好收拾啦！」主人絞盡腦汁，研究該如何說服猴子們節食。某日，他毅然地集合眾猴商量：

「早上給你們三顆果實，晚上給你們四顆果實，你們同意嗎？」

結果，猴子們大怒，主人立刻改口說：

「那麼，我在早上給你們四顆，晚上給你們三顆，好不好？」主人如此「讓步」之後，眾猴們便高興地接受了。

其實，這種事也常發生在人類身上。

第二篇

鬼谷子原文註譯

解題

一、鬼谷先生何許人也？

《鬼谷子》一書的作者被指為鬼谷先生，究竟鬼谷先生是何許人呢？各種史書傳記中，幾乎都查不到他的資料紀錄。司馬遷的《史記》「蘇秦列傳」中記載：

「蘇秦者，東周雒陽人也。東事師於齊，而習之於鬼谷先生。」

「張儀列傳」中也說：

「張儀者，魏人也。始嘗與蘇秦俱事鬼谷先生學術，蘇秦自以不及張儀。」

這就是有關鬼谷先生的唯一資料，有關他個人的經歷事蹟，則毫無記載。不過，「蘇秦列傳」集解注說：

「鬼谷先生，六國時縱橫家。鬼谷，地名也。扶風池陽、潁川陽城（今河南省涇城縣，當時的楚地）並有鬼谷墟，蓋是其人所居，因為號。」

除了《史記》之外，漢代文獻中談到鬼谷先生的，還有揚雄的《法言》。

「張儀、蘇秦學鬼谷之術。」

東漢王充《論衡》也說：

「蘇秦、張儀學縱橫術於鬼谷先生。鬼谷先生掘大穴於地曰：『誰能入此穴說我入之，並令我泣下者，必為諸侯卿相也。』蘇秦乃入穴說之，鬼谷先生為之泣下。」

除了這段文字之外，據晉樂壹注解，還有一段傳為蘇秦所撰的序文：

「周時有豪士，隱居鬼谷，自號『鬼谷子』，無鄉里、姓、名字。」（唐馬聰《意林》）

以上是漢代及漢以前所能找到的全部資料，光憑這些資料並不足以刻畫出鬼谷先生的真實風貌，只知道鬼谷子出身楚國，後移居齊，曾教蘇秦、張儀縱橫術，似曾隱居鬼谷地方，此外，便一無所知。從這些資料裡，看不出鬼谷先生是否是一個虛構的人物，也無法肯定《鬼谷子》一書是否別人託古作偽。

其實，先秦諸子百家之中，也沒幾人留下詳細的經歷事蹟記載，因此，鬼谷先生的傳略不明，並不足怪，他很可能是一名遁世的隱士。例如《論語》書中所出現的長沮、桀溺、楚狂接輿，都是為避亂世而隱姓埋名，遁居山野，到戰國時代，這種人物更增加許多。雖然鬼谷先生的事蹟不明，也不能據此斷定他就是一個不存在的虛構人物。

二、鬼谷子是偽書嗎？

由於堪稱漢代圖書總目錄的《漢書》藝文志中，沒有登錄鬼谷子這本書，直到唐代編纂的《隋書》經籍志才正式予以登錄，因此，許多人懷疑鬼谷子是後人造偽之作，而清姚際恆在《古今偽書考》中的考證，則認定鬼谷子乃是六朝時代的好事者託古偽作。

可是，在西漢劉向所編的《說苑》善說篇中，曾出現「鬼谷子曰」的字句，可見《鬼谷子》一書在漢代頗為流行，雖不敢確定漢代流行的版本與目前流傳的版本相同，卻可以證明確實有《鬼谷子》這一本書。清代考據學家阮元說：

「鬼谷子書中多韻語……，合於古聲訓字之義，非後人所能依託。」

因為，先秦諸子之書為便於背誦，多含有韻語，《鬼谷子》也是如此。若是後人偽作，則他們當以自己所處時代的發音來合韻，與先秦的音韻有別，書中也會出現許多古代所無的字義和用法，這便是很大的破綻。但是，現行版本中並沒有這些現象發生，可見，《鬼谷子》為後人偽作的成分並不大。

《鬼谷子》雖可確定是完成於先秦時代，但真正的作者是誰，則眾說紛紜。

第一說認為是鬼谷子所撰。隋書經籍志著錄的皇甫謐註釋本，及唐代尹知章的註釋本都作此主張。尹知章所寫的《鬼谷子》序說：

「此書即與蘇秦、張儀者，計有捭闔之術第十三章（可能是十二章之誤），本經、持樞、中經三篇。秦、儀復往見時，先生乃正席而坐，嚴顏而言，告二子以全身之道。」（宋王應麟《漢書藝文志考證》）

而與皇甫謐註釋本並行，同時著錄於《隋書》上的晉樂壹註釋本則說：

「蘇秦欲神秘其道，故假名鬼谷。」（唐張守節《史記正義》）

很明顯地，他主張鬼谷子乃是蘇秦所作。後來的新、舊唐書也把鬼谷子視為蘇秦所作，從此，許多考據學者都把這本書當做蘇秦之作來考證。

認定《鬼谷子》是蘇秦所作的最大根據，是史記蘇秦列傳及戰國策秦策中的記載。蘇秦向秦王遊說失敗之後，狼狽不堪地回到故鄉，閉門苦讀。

《史記》蘇秦例傳上寫道：

「乃閉室不出，出其書徧觀之。曰：『夫士業己屈首受書，而不能以取尊榮，雖多亦奚以為！』於是得周書陰符，伏而讀之。期年，以出揣摩。」

《戰國策》秦策則說道：

「乃夜發書，陳篋數十，得太公陰符之謀，伏而誦之，簡練以為揣摩。」

蘇秦憑著他的揣摩之術前往遊說六國，終於一舉成功，身佩六國相印。

如此看來，《史記》、《戰國策》中所說的「揣摩」，和現行本中的「揣摩」、「摩篇」，在內容上應該有相當大的關係。此外，《漢書》藝文志著錄《蘇子》三十一篇，此書雖已失傳，但我們可以推想，既然漢書藝文志中沒有登錄《鬼谷子》一書，很可能現行的《鬼谷子》就是《蘇子》三十一篇中的一部份。事實上，這種說法也幾乎已成為學界的定論。（顧實《重考古今偽書考》）

那麼，為蘇秦所「簡練」的《周書陰符》或《太公陰符之謀》，又是兩本什麼樣的書呢？在《韓非子》及《淮南子》書中，曾引用過《周書》之話，蘇秦自己在「上魏王書」中，也有引用「周書曰」的字句（戰國策魏策），可見，這本書在當時必定頗為流行。

晉代挖掘戰國魏王古墓，發現一本《逸周書》（又稱《汲冢周書》），不論內容與文體都與蘇秦所談的周書有極大出入，可見不是同一本書。

《太公陰符之謀》又是什麼書呢？《漢書》藝文志著錄有《太公》二百三十七篇（「謀」八十一篇，「言」七十一篇，「兵」八十五篇。）「太公」就是輔佐周文王和周武王的太公望呂尚。據史記齊世家的記載：

「周西伯（文王）昌之脫羑里歸，與呂尚陰謀修德以傾商政，其事多兵權與奇計，故後世之言兵及周之陰謀皆宗太公為本謀。」

太公望被視為軍事與權謀術數的始祖，凡研究謀（權謀）、言（辯論）、兵（軍事）之人，往往都託太公之名以立說。《陰符之謀》即是如此，可能與《周書》是同一本書。

日人武內義雄博士將《鬼谷子》的符言篇和《管子》的九守篇兩相對照，發現兩者相同之處甚多，因此推定其著書年代，應該是融合道、法兩家思想的齊宣王時期（「讀鬼谷子」）。

此外，名家（論理學派）的著作《鄧析子》，和《鬼谷子》符言篇也有相同之處。可見，《鬼谷子》除出自蘇秦之手的「揣篇」、「摩篇」和「符言篇」之外，還混雜各家學說（俞棪《鬼谷子新注》），因此，《陰符之謀》或《周書》是經由鬼谷子之手傳給蘇秦，後來又納入《鬼谷子》書中的可能性相當大。

根據尹知章序文及全書的內容、文體看來，「本經陰符」、「持樞」、「中經」等三篇，應屬於後人附加之作，在原書上也列入外篇（俞棪《鬼谷子新注》），較無關緊要，不必過分重視。

三、鬼谷子是一本危險的書嗎？

蘇秦為混亂敵國政治以救燕國，就出發前往齊國，不料竟在齊國死於非命。司馬遷在蘇秦列傳贊中說：

「蘇秦被反間以死，天下共笑之，諱學其術。」

具備完整官僚制度的秦漢帝國建立之後，君王專制政體乃告確立，在他們的眼中看來，蘇秦僅憑三寸不爛之舌，便能遊說列國，將各國君王玩弄於股掌之上，當然是一隻可怕的狼，不值得鼓勵。直到動亂的魏晉時代，人們又開始對《鬼谷子》發生興趣，於是有皇甫謐、樂壹的註釋本相繼問世。可惜這兩本書都已失傳，只剩一些斷簡殘編供人考證研究。

到了唐代，古文運動盛行，揚棄華美的六朝駢文，提倡質樸的先秦古文，加以儒學式微，知識份子醉心佛、道學說，因此，深古奇奧的《鬼谷子》迅速引起人們的重視。但是，也引起正統儒學派的強烈反擊，柳宗元曾作「指要」數千言，駁斥元冀對《鬼谷子》所作的高度評價。柳宗元說：

「鬼谷子乃後出，險戾峭薄，恐為妄言，亂世難信，學者不宜道之。」

對書後所加的「本經陰符」，更加以嚴厲的指責：

「其言愈奇，其道愈狹，使人狂狙失守，易於陷墜。」

可是，儒學學者對《鬼谷子》的排斥，並未使《鬼谷子》的愛好者為之斷絕。宋高似孫說：「鬼谷子之書，其智謀、其數術、其變譎、其辭談，蓋出戰國諸人之表，……其亦一代之雄乎？」

高似孫將《鬼谷子》評為先秦諸子中的第一流作品。但是，明代胡應麟卻說：

「高似孫之輩取而尊信之，近世之耽好者，亦往往如是。甚矣哉，亦易入人邪說。」

宋濂也極力攻擊道：

「鬼谷所言之捭闔、鉤箝、揣摩之術，皆小夫蛇鼠之智。用之於家則家亡，用之於國則國僨，用之於天下則天下失……學士大夫所宜唾去。而宋人（指高似孫）獨愛且慕之，何哉？」

《鬼谷子》所以能招來如此極端的毀譽褒貶，大概是它本身具有烈性毒藥所致。在滿口仁義道德的道學家眼中看來，以功利主義的思想冷眼觀浮世，一切按照自己的意志行動，自然是一件極危險的事。然而，主要的問題並不在於如何排除這些「烈毒」，而是要如何有效地運用它。既然不是毒藥，自然就沒有危險了。

一 捭闔

〔原 文〕

粵若稽古，聖人之在天地間也，為眾生之先。觀陰陽之開闔以命物，知存亡之門戶，籌策萬類之終始，達人心之理，見變化之朕焉，而守司其門戶。故聖人之在天下也，自古至今，其道一也。變化無窮，各有所歸。或陰或陽，或剛或柔，或開或閉，或弛或張。

是故聖人一守司其門戶，審察其所先後，度權量能，校其伎巧短長，夫賢不肖、智愚、勇怯，有差，乃可捭乃可闔，乃可進乃可退，乃可賤乃可貴，無為以牧之。審定有無與其實虛，隨其嗜欲以見其志意，微排其所言，而捭反之以求其實，實得其指，闔而捭之以求其利。或開而示之，或闔而閉之。開而示之者，同其情也。闔而閉之者，異其誠也。可與不可，明審其計謀，以原其同異，離合有守先從其志。

即欲捭之貴周，即欲闔之貴密。周密之貴，微而與道相追。捭之者料其情也，闔之者結其誠也。皆見其權衡輕重，乃為之度數，聖人因而為之慮。其不中權衡度數，聖人因而自為之慮。故捭者，或捭而出之，或捭而納之。闔者，或闔而取之，或闔而去之。捭闔者天地之道。捭闔者以變動陰陽，四時開閉，以化萬物，縱橫、反覆必由此矣。

捭闔者，道之化，說之變也。必予審其變化。口者心之門戶也，心者神之主也。志意、喜欲、思慮、智謀，此皆由門戶出入。故關之以捭闔，制之以出入。捭之者開也，言也，陽也。闔之者閉也，默也，陰也。陰陽其和，終始其義。故言長生、安樂、富貴、尊榮、顯名、愛好、財利、得意、喜欲為陽，曰始。故言死亡、憂患、貧賤、苦辱、棄損、亡利、失意、有害、刑戮、誅罰為陰，曰終。諸言法陽之類，皆曰始。言善以始其事。諸言法陰之類，皆曰終。言惡以終為謀。

捭闔之道，以陰陽試之。故與陽言者依崇高，與陰言者依卑小，以下求小，以高求大。由此言之，無所不出，無所不入，無所不可。陰陽之理盡，小大之情得。故出入皆可。何所不可乎。為小無內，為大無外。益損、去就、倍反，皆以陰陽御其事。陽動而行，陰止而藏。陽動而出，陰隨而入。陽還終始，陰極而反陽。以陽動者，德相生也，以陰靜者，形相成也。以陽求陰，苞以德也，以陰結陽，施以力也，陰陽相求，由捭闔也。此天地陰陽之道，而說人之法也，為萬事之先。是謂圓方之門戶。

〔譯 文〕

我們察考歷史上的事蹟，知道聖人在天地之間，就是領導萬眾百姓的先知先覺。他們觀察陰陽二氣的開闔以為萬物命名，知道生死存亡之理，謀劃萬物的終始，通達人心之理，並能知悉事物變化的徵兆，以鎮守存亡的門戶。所以，自古至今，聖人在天地之間，都守著同樣的救亡圖存之道。這道理施展起來變化無窮，但是有條不紊，各有所歸依。有時是陰，有時是陽；有時柔弱，有時剛強；有時開放，有時閉藏；有時鬆弛，有時緊張。

因此，聖人專心鎮守門戶，行事必審察其先後次序，用人必考量對方的權謀才幹，考查其技巧的優劣，以便因材任用。人雖有賢不肖、智愚、勇怯的才質差異，但是，聖人遵守無為而治的管理方法，可捭之，可闔之，可進之，可退之，可賤之，可貴之，使他們各得其所。聖人用人時，必審定對方材術之有無，性情之虛實，按照對方的嗜好與慾望來觀察對方的真實志向及意志。聖人以言語做刺探，先略微排斥對方所言，激起對方論議，再從其論議中挑取毛病，加以責難，以便偵測對方的實情。得到對方的實情之後，便退而思量，檢討對方所言的利害關係。最後再決定要開啟心胸，與之溝通，或是閉口不談。開啟心胸，表示與對方觀念想法一致，閉口不談，則二者意見相異也。要決定之前，要先審查清楚對方的計謀，探討其中同異，無論用不用對方的計謀，都要先詳審對方的志向。

如果想要開啟，重要的是做周詳考慮，若要閉藏，重要的就是萬全的隱密。周詳、隱密是非常重要的，道理極微妙而合於大道之理。開啟對方話端，使對方發表議論，是為偵察對方的實情；閉藏而隱密之，則是要牽繫約束對方的誠意。因此，聖人處心積慮，都是為觀察對方的權衡輕重，測量對方的長短優劣。如果對方的權衡度數不合用，聖人就自行謀慮。是故所謂開啟，有的是開啟後送出去，有的是開啟後收藏起來。所謂閉藏，有的是閉藏後加以爭取結納，有的是閉藏後加以排除不用。故所謂開啟與閉藏，乃是天地化育萬物的方法。運用捭闔之道，可以變動陰陽，四時開閉，以化育萬物。縱橫、反覆必經由捭闔之道以達成。

捭闔乃是大道之化、言說之變，凡有所動必預先審察其變化。口是心的門戶，心是神靈的主宰。意志、情慾、思慮、智謀，都由口出入。因此，要嚴格控制口之開閉，以制志意、喜欲、思慮、智謀之出入。捭代表開啟、發言、陽氣。闔表示關閉、沉默、陰氣。陰陽和諧，才能終始其義。所以說，長生、安樂、富貴、尊榮、顯名、嗜好、財貨、得意、情欲等為陽，稱之為「始」。而死亡、憂患、貧賤、苦辱、棄損、亡利、失意、災害、刑戮、誅罰為陰，稱之為「終」。凡是遵法陽氣的，都稱之為始，意思是說以「善」做為事情的開端。凡遵法陰氣的，都稱之為終，表示以「惡」為謀略的結果。

捭闔之道要以陰陽之言試之，再決定或捭或闔。與情陽的人說話，要以崇高之言引導之；與情陰的人說話，要以卑小之言引導之；以下求小，以高求大。只要遵守這個原則，便無不能自由出入之地，便可以盡陰陽之理，得大小之情。所以，任何地方都可出入自如，沒有那個地方是行不通的。

所謂至小，就是沒有比之更小的，至大就是沒有比之更大的。所有益損、去就、向背都以陰陽為處事的準則。陽氣活動時便行動，陰氣所止便收斂深藏。因為陽氣活動離去後，陰氣隨之佔據原來的空位，因此，陽氣循環一周後，終點又成為起點，而陰氣走到極點，便反而為陽氣。依陽氣活動的人，道德會互相增長，依陰氣而靜止的人，是以形勢互相成就。以陽求陰，是以道德包容對方，以陰氣結納陽氣，則必須以力量壓迫。陰陽相求之道，也是根據捭闔之理。所以說，捭闔乃是天地陰陽之道，說服他人之法，是萬事萬物的指導者，也可說是天地的門戶。

〔註　解〕

捭　開。打開心扉，讓內心的思慮向外活動（採積極行動，攻勢），或接納外界事物（他人之主張、計畫）。

闔　閉。關閉心扉，拒絕外物進入，不向外表示心意，或據外物以為己物。

眾生　有生命的萬物，即百姓大眾。

先　先知先覺，指導者。

陰陽　易經上的用語，指形成宇宙萬物的兩種相反之氣。陽意味著春、晝、明、君、男性及積極的行動，陰意味著秋、夜、暗、女性及消極的行動。

觀陰陽之開闔以命物　觀察陰陽的隱現來辨別事物之理，若是陽，則採取積極的決戰行動，若是陰，則嚴守消極態度，以保持久耐力。

存亡之門戶　生死之理。

萬類　萬物。

籌策　計劃籌謀。

守司其門戶　知道存亡關鍵之後，緊緊加以看守管理，以便救亡圖存。

其道一也　聖人都依一個道理行事，就是救亡圖存。

各有所歸　世間萬事萬物皆遵守一貫的道理。

審察其所先後　審察事物的順序，該居先的就居先，該殿後的殿後。

以牧 進行調查。

實 實情。

指 意向、宗旨。

闔而捭之 明白實情後，就自行閉藏，於內心進行思辨。

求其利 檢討對方所言的善惡利害。

或開而示之，或闔而閉之 表示同意，並開啟心扉以顯其情；表示反對，並緊閉心扉。

可與不可，明審其計謀 對方所言有可或不可的部分時，先要確立自己的思慮計謀，以判斷對方之言適當與否。

離合 計謀與自己所慮有合與不合。

有守 確定自己的觀念並加以執守。

欲捭之貴周 要發動時，應先做周詳的考慮。周是周密無所遺漏。

微 微妙。

與道相追 合乎大道之理。

料其情 檢討實情的真偽、善惡、良否、利害。

結其誠 結繫對方的誠心。

權衡輕重 測定事情的輕重緩急程度。

為之度數 測量重量和長度的數值。

不中權衡度數，聖人因而自為之慮 檢討結果，對方意見不可採納，就按照自己的意見進行。

四時開閉，以化萬物 像四季的轉換運行，化育天地萬物。

縱橫 自由自在的變化。

反覆　覆同復。反叛離去或歸復。

由此　根據捭闔的原理。

道之化，說之變　大道之所化育，言說變化之理。

終始其義　意謂開閉有節，陰陽處理適當，事態進行便能始終和諧。

諸言　各種言論。

捭闔之道，以陰陽試之　或發動或閉藏，都以陰陽之言做試探。

陽言者依崇高　和情之陽者交談時，就談論些崇高的事情，以引起話題。

無所不可　可以遊說人、遊說家、遊說國、遊說天下，沒有什麼辦不到的。

倍反　倍是背叛，反是復歸。

此天地陰陽之道，而說人之法也　這是天地陰陽的道理，也是向人遊說的基本法則。

圓方之門戶　天地之門戶也。圓者天也，方者地也。

二　反應

〔原　文〕

古之大化者，乃與無形俱生，反之觀往，覆以驗今，反以知古，覆以知今，反以知彼，覆以知己，動靜虛實之理，不合來今，反古而求之。事有反而得覆者，聖人意也。不可不察。

人言者動也，己默者靜也。因其言聽其辭，言有不合者，反而求之，其應必出。言有象，事有比。既有象比以觀其次。象者象其事，比者比其辭也。以無形求有聲，其釣語合事得人實也，若張罝網而取獸也。多張其會而司之。道合其事，彼自出之。此釣人之網也。常持其網驅之，其言無比，乃為之變，以象動之，以報其心見其情，隨而牧之。己反往，彼覆來，言有象比，因而定基，重之襲之，反之覆之，萬事不失其辭。聖人所誘愚智，事皆不疑。

古善反聽者，乃變鬼神以得其情。其變當也，而牧之審也。牧之不審，得情不明。

得情不明，定基不審。變象比，必有反辭，以還聽之。欲聞其聲反默，欲張反斂，欲高反下，欲取反與。欲開情者，象而比之，以牧其辭。同聲相呼，實理同歸。或因此或因彼，或以事上或以牧下。此聽真偽，知同異，得其情詐也。動作言默與此出入，喜怒由此以見其式。皆以先定為之法則。以反求覆，觀其所託。故用此者，己欲平靜，以聽其辭，察其事，論萬物，別雄雌。雖非其事，見微知類，若探人而居其內。量其能射其意也，符應不失，如螣蛇之所指，若羿之引矢。

故知之，始己自知，而後知人也。其相和也，若比目之魚，其伺言也，若聲之與響也，其見形也，若光之與影也，其察言也，不失若磁石之取鍼，舌之取燔骨。其與人也微，其見情也疾，如陰與陽，如陽與陰，如圓與方，如方與圓。未見形圓以道之，既形方以事之。進退左右，以是司之。己不先定，牧人不正，事用不巧，是謂忘情失道。己先審定以牧人，策而無形容，莫見其門。是謂天神。

〔譯　文〕

古代教化眾生的聖人，與無形的大道共存，他們舉事慎重，必反覆詳驗才下定論。凡事必審察過去經驗，以與目前情況相對照，考察古人經驗，以明今日動向。欲知對方想法，便反身以度自己的思慮。如果動靜虛實的道理與當前情況不合，他們就到古代事例中去尋求解釋。事情的道理必須反覆推求才能得到，這是聖人的意思，不可不詳察。

別人說話是動態，自己保持緘默是靜態。別人說話時，便根據他的話以推求他的辭意，若有言語不合理之處，便向對方提出質詢，由對方的回答中自可得到解答。言語有法象，事情有比類，既然有了法象和比類，就要觀察對方下一步的行動。所謂象就是象徵某種事義，比就是相類的辭令。以無形的大道推求有聲之理的方法，在於引誘對方發言，從言論中推求對方的實情。這種情況就像張網捕獸一般，可以多設幾面網，只要方法正確，自然能捕捉到事情的真相。這種網就叫釣人之網。常拿著這種網去誘捕敵人，若對方的言語不相類，再換另一個方式，以更相近的法象去引動對方，若這個法象合乎其心，對方的真情便會表露出來，然後，可以因隨他的真情而引導之。只要我方發出刺探，對方立刻有所回應，能彼此相呼應，便奠定成功的基礎。再根據這個基礎，展開反覆的刺探攻勢，那麼，一切事情都可以得其真相，無所遺漏矣。因此，凡是聖人所要探查的事情，無論對方是愚者或智者，皆可以毫無誤謬地查出真相。

古代善於反過來聽敵人言論的人，就改變鬼神來刺探實情。若變化得當就能得到詳細的調查結果。若調查不詳盡，得到的情勢印象就不清楚，情勢印象不清楚，所打下的基礎則不穩固。這時候改變法象和比辭，激起對方的反對之辭，再靜靜傾聽對方言論。如果想聽對方議論，就應保持緘默；想使對方張揚，就應自己收斂；想使對方有高大之感，就要使自己顯得卑下；想使對方收取，就要不斷施與，如此一切才能控制裕如。若想打開對方心扉，聽取對方情辭，就要按照對方形象，發表相類比的言語，以引導對方發言。因為同類的聲氣會彼此呼應，而報以真實的情理。無論是為何原因，也不管是用以事奉君王或教化人民，都可藉此方式聽出對方言語的真假，分辨其同異，刺探出對方的虛詐之情。只要細心觀察，就會發現人的言談舉止都隨著情而動作，人的喜怒也是以情為模式，皆以情為定式，乃形成法則。人們便藉此法則，以反對之辭求對方反對之議論，而觀察出對方情之所託。因此，使用這種法則者，要先平靜自己的心情，再細聽對方言論，審察事情的狀況，以論序萬物，分別雌雄。即使對方所言並非自己所欲刺探的事物，但從微小的事物，也可見其大類，就好像進入別人心中去探索此人的思想一般。先估量對方的能力，再刺探對方的意向，就會像符契相應，萬無一失，又如螣蛇所指，禍福不差，如后羿引弓，所命必中。

因此，想要了解別人，應從自己做起，了解自己之後，才能了解他人。就會如比目魚般地契合，引起對方相和，發出刺探之言，對方也會應聲地響起應和，想見對方之形象時，也會如光之所趨，形影自現；想觀察對方言論，也會如磁石取針，以舌吸吮焦骨般絕無失誤。並未向對方透露太多的自己，卻能迅速捕捉住對方之情，就如陰之與陽，陽之與陰，如圓之與方，方之與圓般比類相成，形勢相依。未發現對方形勢之前，可以圓道引導他現形，等了解對方形勢之後，再以方職任用他。不論升進、黜退、左遷、右調，都可按照這方圓之理去做。如果不先定方圓進退之道，就無法把人才管理得很好，事情自然進行得不順利，這就叫人情與天道兩者俱失。自己先審定方圓、政策，再去做引導、統治的工作，則方策雖然存在，人們卻不易看出其形貌、真相，不得其門路以破之。這種無懈可擊的圓融之道，就叫天神。

〔註　釋〕

古之大化者　指聖人，大化是天地自然。

反以觀往，覆以驗今　反與覆都是反覆的意思，往是過去，今是當前。就是追溯過去的經驗、事例，做為解決當前問題的參考，含有溫故知新的意思。

動靜　動與不動。

虛實　即真假。

來今　未來與現在。

反而得覆　調查過去，研究現在與將來的對策。

人言者動也　對方發言就是動。

辭　傾訴、主張、論辯。

言有不合　所說的話不合理。

應　答。

象　法象。

比　比類，相近似也。

象比　按照形象進行比較。

釣語　如投餌釣魚一般，在發言時留下一個誘餌，引出對方話題。

罝網　罝是古時捕兔子等陸上野獸的網，網則是專捕水中的魚類。

會　聚集。

其言無比　說出的話不相比類。

乃為之變　就改變方法。

牧之　進行調查，加以闡明情理。

愚智　愚笨之人和智者。

鬼神　指死者的靈魂和山川的神明。

反斂　收集、收藏、制止。

開情　打開心扉敘述觀念。

象而比之，以牧其辭　設象比以引導對方發言，一旦對方發言時，則在一旁傾聽，仔細審察。

或因此或因彼　緣於各種因素而引起事情發端。

或以事上或以牧下　可用以事奉君王，也可用以領導人民。

情詐　虛偽之情。

式　定式，固定的法則。

觀其所託　分辨其本心是善是惡，看出其主義、主張。

見微知類 根據微小的事情，探索其大體的類別。

符應不失 如符契相應，萬無一失。

螣蛇 一種會飛的蛇。

羿 后羿，傳說后羿十分善射，乃是有窮國君。

知之始己自知而後知人 想了解別人，先從了解自己做起，能了解自己，方能了解他人。

比目之魚 即鰈，體扁平而闊，兩眼生在上面，通常是兩尾相並而游。喻夫妻感情濃密。

燔骨 燃燒骨頭上的肉。

牧人不正 評論人物時無法給予正確的評價。

形容 形影姿容。

三 內揵

〔原文〕

君臣上下之事，有遠而親，近而疏。就之不用，去之反求。日進前而不御，遙聞聲而相思。事皆有內揵，素結本始。或結以道德，或結以黨友，或結以財貨，或結以采邑。用其意，欲入則入，欲出則出，欲親則親，欲疏則疏，欲就則就，欲去則去，欲求則求，欲思則思，若蚨母之從其子也，出無間入無朕，獨往獨來，莫之能止。

內者進說辭，揵者揵所謀也。故遠而親者，有陰德也。近而疏者，志不合也。就而不用者，策不得也。去而反求者，事中來也。日進前而不御者，施不合也。遙聞聲而想思者，合於謀待決事也。故曰，不見其類而為之者見逆，不得其情而說之者見非。得其情，乃制其術。此用可出可入，可揵可開。

故聖人立事，以此先知而揵萬物。由夫道德、仁義、禮樂、計謀，先取詩書，混說損益，議去論就。欲合者用內，欲去者用外。外內者必明道數，揣策來事，見疑決之，策無失計，立功建德。治民入產業，日揵而內合。上暗不治，下亂不寤，揵而反之。內自得，而外不留說而飛之。若命自來己，迎而御之。若欲去之，因危與之。環轉因化，莫之所為退為大儀。

〔譯　文〕

君臣上下之間的關係不易捉摸，有的相隔遙遠卻很親密，有的近在眼前，卻關係疏遠；有些人前來相就，得不到君王重用，有些人想離去，反為君王挽留；有些人天天和君王見面，卻得不到君王歡心，有些人遠在千里之外，反為君王日夜掛念。那些人所以得君王歡心，乃是能得君王內情，平日情意相得，連結穩固。或以道德或以政黨連結，或以財貨，或以采邑來連結君王。因為能捉摸到君王的心意，因此，其地位穩固，能做到欲入則入，欲出則出，欲親則親，欲疏則疏，欲就則就，欲去則去，欲求則求，欲思則思，隨其所欲。就好像土蜘蛛留下子女外出時一般，不留下一點縫隙，回來也沒有徵兆，隨心所欲，獨來獨往，誰也無法阻止。

所謂「內」，就是向君王進言獻策；所謂「揵」，就是堅持自己的謀略。所以，相隔雖遠仍與君王關係親密的人，是積有陰德的緣故，近在眼前而關係反而疏遠，則是因志不同道不合的緣故。前來相就卻不為君王重用，是因其謀略不得君心的緣故。想離去反受君王尋訪挽留，是因為事情在中途發生轉機的緣故。雖然每天晉見君王，卻不受歡迎，乃是因他的行政措施不合君意。相隔遙遠，只能聽聞消息動態，卻能引起君王相思之念，則是因謀略相合，君王待之決定策略的緣故。因此，還未看清對方狀況，就採取行動的人，一定會遭到失敗；摸不清對方的心意，就貿然遊說，一定會遭到排斥。摸清對方的心意，就能制住對方的戰術。能掌握對方心意，再加以運用，便可以出入自由，無論獻策或堅持自己謀略，無往不利。

因此，聖人立身處事，都會先得其情，預知事之可否，使萬物都穩固地在他掌握之中。凡是道德、仁義、禮樂、計謀之事，都先考證《詩經》、《書經》之言，與自己的想法相對照，驗證損益得失，決定可行不可行。想採用的計策，便使它合於內情，想刪略的，便推而外於人情。善知外內的人，必定通曉道數之術，能預先揣測未來之事，發現疑惑能立下決斷，凡有計策謀略，都必定成功，而能立功建德。治理人民，就使他們擁有產業，安定民生，合於人情，因此，可說是「揵而內合」。如果君王昏庸，不理國家政事，朝臣胡為不知覺悟，人民生活不安，便會起而造反，這就叫「揵而反之」。如果君王自以為賢，拒絕獻策之言，就要以褒揚之言進行說服。若能打動君心，有君命來召，就接受詔命，以施展抱負。若覺得受命將有危險，就應辭去詔命，盡快離去。去就之際，應隨環境的變化而決定，明知無可作為，就該隱退不出，這是自保的大法。

〔註　釋〕

內　同「納」。敘述自己的觀念。

揵　堅持。又有承擔，關閉、堵塞、束縛、劃定界限等意。閉緊門戶謀畫事情。

遠而親 相隔遙遠而關係親密。

近而疏 距離接近而關係疏遠。

御 歡迎。

素結本始 一開始就在雙方之間建立緊密的連結關係。

采邑 領地。

蚨母 土蜘蛛。這種蜘蛛母愛極強烈，每當離巢時，一定將巢穴入口封死，不留一點縫隙，以防外敵入侵。

揵所謀 度情為謀，使君王樂於採納而不忍捨棄。

類 類似，共同點。

術 技能、謀略、計策、行動、手段、事業。

先取詩書、混說損益 引用《詩經》和《書經》，來驗證自己的學說，強調同點而略去異點，使同於己說。

議去論就 討論可用與否。

欲合者用內，欲去者用外 內是使情合，外是使情離。

外內者必明道數 善於外內之道的人，必定通曉道數。

揣策來事 推理判斷未來的事。

產業 財產事業。

上暗不治 君王昏庸，不能推行善政。

下亂不寤 臣下胡作非為，不知醒悟。

揵而反之 情勢所逼，起而反對之。

自得 自滿，自以為賢明。

不留說　不採納他人意見。　　**退**　隱藏、保全。

飛之　褒獎、稱揚。　　**大儀**　大法。

四　抵巇

〔原　文〕

物有自然，事有合離。有近而不可見，遠而可知。近而不可見者，不察其辭也。遠而可知者，反往以驗來也。巇者罅也，罅者間也，間者成大隙。巇始有朕，可抵而塞，可抵而卻，可抵而息，可抵而匿，可抵而得。此謂抵巇之理也。

事之危也，聖人知之，獨保其用，因化說事，通達計謀以識細微，經起秋毫之末，揮之於太山之本。其施外，兆萌芽蘖之謀，皆由抵巇。抵巇隙為道術。

天下分錯，上無明主，公侯無道德，則小人讒賊，賢人不用，聖人竄匿，貪利詐偽者作，君臣相惑，土崩瓦解而相伐射，父子離散，乖亂反目，是謂萌芽巇罅。聖人見萌芽巇罅，則抵之以法。世可以治則抵而塞之，不可治則抵而得之。或抵如此，或抵如彼，或抵反之，或抵覆之。五帝之政抵而塞之，三王之事抵而得之。諸侯相抵不可勝數。當此之時，能抵為右。

自天地之合離終始，必有巇隙，不可不察也。察之以捭闔，能用此道聖人也。聖人者天地之使也。世無可抵，則深隱而待時，時有可抵，則為之謀，可以上合，可以檢下，能因能循，為天地守神。

〔譯　文〕

萬物都有它們自然生滅的道理存在，萬事也有自然合離的道理存在。有些事情雖近在眼前，卻看不清楚，有些雖然相隔遙遠，卻清晰可見。這是為什麼呢？相近而看不清楚，是因未注意觀察對方辭令的關係；距離遙遠反而看得清楚的，則是因能考古驗今的關係。所謂「巇」，就是「瑕罅」，而「罅」就是裂痕，由小裂痕可以變成大裂口。在裂痕剛要發生，出現徵兆時，須設法加以抵制，將裂隙堵塞使其停止擴大，或讓裂隙消失，或隱遁不見，甚至有所收穫。這五種方式就是抵巇的道理。

當危險發生時，只有聖人能洞燭先機，而獨力保護其安全，依造化之理解說事情的變化，故能善用計謀，而施之於細微之處。萬物的開端都是始於秋毫之末般的細微，一旦成功，卻足以撼動泰山。當聖人的德政施之於外，一切奸邪詭計，都會被消滅於肇端之時。因此，抵抗虛隙的發生乃是一種道術。

天下紛亂，朝中無明君，公侯缺乏道德時，必定小人張狂，賢人不受重用，聖人遁匿。於是，貪利詐偽的奸人大行其道，使得君臣互相猜忌，國家土崩瓦解，人民互相攻訐殺伐，父子離散，骨肉乖離，夫妻反目，這就是大亂始於小隙的道理。聖人看見虛隙發生，立刻選擇合適的方法加以抵制。如果國家政治還可以挽救，就消滅叛亂，堵塞亂源。若已腐敗不堪，無法挽救，就乾脆推翻暴政，自己取得政權。全視情況做最佳的選擇，可選擇消滅叛亂的抵制之法，也可選擇推翻暴政為抵制之法。可以協助叛亂團體，也可以自己取得政權。五帝時代的政治，凡有叛亂，都以消滅叛亂為抵制之法。三皇時代的政治，則採革命手段，推翻暴政，取而代之。而諸侯間彼此爭戰奪權的例子，更是不可勝數。處在那種時期，能成功地抵制他人便是勝利者。

天地間有離合終始，就有虛隙存在，不可不審慎明察。要察出虛隙所在，就必須利用捭闔之道，懂得善用此道的人，就可說是聖人了。所謂聖人，乃是天地的使者，世間沒有需要他進行抵制的事情發生，他就隱居等待時機；亂事發生時，他就出來籌劃抵制之道。既可以與君王合作，堵塞暴亂，也可取得政權，治理下民。他能根據需要，做正確措施，所以能維護天下安寧，為天地間的守護神。

〔註釋〕

抵 打擊。

巇 「隙」，虛隙也。

往 過去。

來 未來。

事之危 事情出現危險徵兆的時候。

因化 順應變化。

秋毫之末 秋毫即動物的毛，秋天更生極細微，秋毫之末是形容極微小的樣子。

太山 即泰山。孔子有「登泰山而小天下」之語，泰山乃是意味著高大，穩固的意思。

兆萌芽櫱 兆萌是出現微小的徵候，芽櫱是伐木後從根部長出的新芽。

分錯 錯是混亂，分錯形容四分五裂的狀況。

讒賊 進讒言指陳某人的錯失。

竄匿 逃竄隱匿。

貪利 貪圖利益。

土崩瓦解 分崩離析，不可收拾的狀況。

伐射 彼此攻擊殺伐。

罅 裂痕、間隙。

反之 反過來幫助他們。

五帝　我國古代五位聖王，即黃帝、顓頊、帝嚳、堯帝、舜帝。

三王　中國古代三位明君，即夏禹、商湯、周文王。

右　上位。

天地之使　代替天地行使天命的人。

上合　與君王合作，消滅叛亂。

檢下　取天下之位而代之。

五　飛箝

〔原　文〕

凡度權量能，所以徵遠來近。立勢而制事，必先察同異，別是非之語，見內外之辭，知有無之數，決安危之計，定親疏之事，然後乃權量之。其有隱括，乃可徵，乃可求，乃可用。引鉤箝之辭，飛而箝之。鉤箝之語，其說辭也，乍同乍異。其不可善者，或先徵之，而後重累，或先重以累，而後毀之，或以重累為毀，或以毀為重累。其用或稱財貨、琦瑋、珠玉、白璧、采色以事之，或量能立勢以鉤之，或伺候見間而箝之，其事用抵巇。

將欲用之於天下，必度權量能，見天時之盛衰，制地形之廣狹，岨嶮之難易，人民貨財之多少，諸侯之交孰親孰疏，孰愛孰憎，心意之慮懷、審其意，知其所好惡，乃就說其所重，以飛箝之辭鉤其所好，以箝求之。

用之於人，則量智能，權材力，料氣勢，為之樞機以迎之隨之，以箝和之，以意宜之。此飛箝之綴也。

用於人，則空往而實來，綴而不失，以究其辭，可箝而從，可箝而橫，可引而東，可引而西，可引而南，可引而北，可引而反，可引而覆。雖覆，能復不失其度。

〔譯　文〕

大凡君王所以度量人的權謀才幹，以安排擔任適當的職位，是為了建立賢名，以招攬遠近的人才。等遠近的人才齊聚，就要明訂賞罰制度，分別派以適當的職務。在此之前，首先要觀察他們之間的黨派同異，區別他們的言論是非，審察他們的辭令虛實，判定他們的能力高低，然後和他們商量國家安危的基本大計，並決定彼此間的親疏關係。做完以上的事情，再依據他們的計謀、才能，衡量對待之策。並可依其才能短長，分別施以輔導矯正，截長補短，使他們個個皆可徵用。要探查他們的能力虛實時，可以引用鉤箝之辭，誇獎對方，引導他們發言，藉以獲得他們的真情，並加以控制。所謂「鉤箝之辭」，就是運用捭闔之道，或捭而同之，或闔而異之，使對方落入控制之中。如果對方不為飛箝之辭所動，就先徵用他，再慢慢考驗他，或者先反覆地考驗他，若對方材質短淺，就棄之不用。有些材質粗陋的人，經反覆考驗後，便顯露出他的短處，因此，反覆的考驗對他而言是一種摧毀方式。有些人材質優秀，經反覆考驗，優點愈加顯著，因此，外人的詆毀只是增加他受考驗的經驗次數。經重累而覺得可用的人，再贈以財貨、珠寶、玉石、白璧、美色，試探他們的貪廉程度。無論是考量他們的能力之後，再派以職務，以鉤探他們的智謀才情，或是利用他們在執行職務時，伺機抓住他們的缺點來考驗，以探知他們的勇敢怯懦，這都是運用抵巇之術，攻擊敵人虛隙的方法。

想要使自己的才能施用於天下時，就要先度量帝王的材質能力，決定可輔佐與否，再觀察天時的盛衰、地形的廣狹、山川險要的分布、人民財富多少、與諸侯之間的交往情形及親疏關係、與誰關係親密、與誰關係交惡。查清楚帝王的心意，明白他所掛慮之事，了解他的好惡，就可以針對他所重視的部分進行說服，用飛箝之辭引誘出對方的愛好，藉此箝制他，就可以予取予求，戰無不勝了。

若想對諸侯施展飛箝之術，就要估量對方的智能，審度對方的實力，測度對方的氣勢，確立控制之法門，或主動迎之，或被動跟隨，均根據對方的情勢，以合於對方心意的方式進行箝制。這就叫以飛箝之術連綴於人。

若用飛箝之術來任使人，只要多說些誇耀對方聲譽的話，就能使對方如逢知己般地坦開胸懷，全力歸附，永不背叛，再根據他們表露真情的話施以箝制，就可使對方全心追隨，東、西、南、北、反、覆，任你驅使。即使偶爾遭遇失敗，也能重振旗鼓，不會喪失節度。

〔註　釋〕

飛　飛揚。褒獎對方，使對方得意忘形，盡情發言。

箝　牽制、束縛、控制。

權　人的計謀。

立勢而制事　建立制度，以確立人才的任用標準。

內外之辭　內是實情，外是表面，意即事情的真偽虛實。

有無之數　數術的有無。

親疏之事　親密或疏遠的情形。

權量　計算長短輕重。

隱括　矯正器，將弓置入其中，以矯正其彎曲度。

引鉤箝之辭　引誘他人發言，利用對方言語的漏洞以箝制對方。鉤是金屬製成的鉤鉤，比喻鉤取事物。

其說辭也，乍同乍異　鉤箝之語，要引用捭闔之術，或捭而同之，或闔而異之，使對方陷入控制之中。

不可善者　用鉤箝之術無法打動其心的人。

重累　重疊，反覆試驗。

重累為毀　反覆試驗，使對方暴露缺點。

其用　準備要採用時。

琦瑋　珍貴的寶玉。

采色　美色。

事之　給予試驗。

用之於天下　施用於天下。

制　同「知」。

心意之慮懷，審其意　詳察對方的思慮和願望。

說其所重　針對對方所重視的進行遊說。

材力　材同才，乃與生俱來的能力才幹。

氣勢　指用以實現思想的力量。

樞機　樞是門扉的轉軸，機是弓弩發放的控制點。指控制的要點。

飛箝之綴　綴是連結、連綴。指以飛箝之術連結於人。

用於人　施用於人與人之間的關係上。

空往　僅僅以言語讚美對方，沒有實質行動，故曰空。

實來　使對方打開心扉，付出真心，故曰實。

六　忤合

〔原文〕

凡趨合倍反，計有適合，化轉環屬，各有形勢，反覆相求，因事為制。是以聖人居天地之間，立身御世，施教揚聲明名也，必因事物之會，觀天時之宜，國之所多所少，以此先知之，與之轉化。世無常貴，事無常師。聖人常為無不為，所聽無不聽。成於事而合於計謀，與之為主。合於彼而離於此，計謀不兩忠，必有反忤。反於是忤於彼，忤於此反於彼。其術也，用之天下，必量天下而與之，用之國，必量國而與之，用之家，必量家而與之，用之身，必量身材能氣勢而與之。小大進退，其用一也。必先謀慮，計定而後行之以飛箝之術。

古之善背向者，乃協四海，包諸侯，忤合之地而化轉之，然後以之求合。故伊尹五就湯五就桀，然後合於湯。呂尚三就文王三入殷，而不能有所明，然後合於文王。此知天命之箝，故歸之不疑也。非至聖人達奧，不能御世，不勞心苦思，不能原事，不悉心見情，不能成名，材質不慧，不能用兵，忠實無真，不能知人。故忤合之道，己必自度材能知睿，量長短遠近孰不如，乃可以進，乃可以退，乃可以從，乃可以橫。

〔譯　文〕

大凡人的去就，都有一定的道理可循，乃是隨著變化而轉移，各有不同的形勢，彼此可以反覆相求，依事情的狀況分別處置。因此，聖人在天地之間，立身處世，教化世人，建立聲譽，闡揚名份，必定根據事物的交會，觀察天時的合宜，因人所需政教之多寡，依趨合倍反之理做適當的調查，隨著需要而做變化。世上沒有天生高貴的人物，也沒有固定的良師。聖人無所不作，無所不聽，做任何事必定成功，做任何計謀也必定相宜，與眾人在一起，必定是領導人物。一個人不能忠於二主，因為所施的計謀不能同時忠於兩位君王，就必定有反忤存在。如果要順從反合於此，就要背離行忤於彼；背離行忤於此，才能順從反合於彼。若將忤合之術施用於天下，必定衡量天子的事業威勢而與之親媚；若施用於列國，必定衡量諸侯的事業威勢而與之親媚；若施用於家，必定衡量主人的事業威勢而與之親媚；若施用於人，也必定衡量其人的才幹氣勢而與之親媚。總之，無論用於大小進退，都可以達到相同的效果。要注意的是，施行反忤之術時，必須先定計謀再付諸行動，並用飛箝之術為手段。

古時候深明向背之理的人，能夠協合四海，兼併諸侯，使天下處於忤合的狀況中，再設法加以變化轉移，從其中找出真正的領袖，開創新的王朝。因此，伊尹五次臣事商湯，又五次臣事夏桀，最後才決定全心輔佐商湯。姜太公呂尚三次臣事周文王，三次臣事殷紂王，都無法找出真正的天命真主，最後周文王來迎接他，才全心輔佐文王。他們均因看出天命所歸，才全心歸順，毫不遲疑。假如沒有達到聖人的通達明理，就不能立身處世；若不肯勞神苦思，就無法採出事物真理；不全神貫注，觀察實情，就無法成就功業；若聰明才智不夠聰慧，就不能領兵作戰；如果為人忠實而不能辨真偽，就沒有知人之明。因此，要施行忤合之道，必須先審度自己的才能智慧，估量自己可有不如人之處，明白彼此的長短優劣之後，就可以進、可以退、可以從、可以橫，自如地操縱對方。

〔註　釋〕

趨合倍反　趨合是合，倍反是忤，就忤　逆也。

是「去就」之意。倍同「背」。

化轉　變化轉移。

環屬　如連環般彼此相連，沒有間隙。

因事為制　依照每件事的狀況，分別做適當處理。

成於事　事情得以成功。

合於計謀　計謀合於實際。

計謀不兩忠　一個臣子無法擬出可以同時忠於二主的計謀。

必有反忤　如果順從甲，勢必無法同時忠於乙，因此，必須背叛其一，選擇忠於一人。

反　順從，同「返」。

其術　指反忤之術。

材能　即才能。

伊尹　商朝開國名相，輔弼商湯推翻夏桀，建立商王朝。

湯　殷商開國君王，重用伊尹，推翻夏桀，推行善政。

桀　夏朝最後一位君王，暴虐無道，為商湯所滅。

呂尚　即太公望，又名姜尚，姜太公，輔佐周文王、周武王，建立周朝典章制度，封於齊。

天命之箝　箝同啣，即天命所歸。

七　揣　篇

〔原　文〕

古之善用天下者，必量天下之權，而揣諸侯之情。量權不審，不知強弱輕重之稱，揣情不審，不知隱匿變化之動靜。何謂量權。曰，度於大小，謀於眾寡。稱貨財之有無，料人民多少、饒乏、有餘不足幾何，弁地形之險易孰利孰害，謀慮孰長孰短，君臣之親疏孰賢孰不肖，與賓客之知睿孰少孰多，觀天時之禍福孰吉孰凶，諸侯之親孰用孰不用，百姓之心去就變化孰安孰危，孰好孰憎，反側孰便孰知。如此者，是謂量權。揣情者，必以其甚喜之時，往而極其欲也，其有欲也，不能隱其情。必以其甚懼之時，往而極其惡也，其有惡也，不能隱其情。情欲必知其變。感動而不知其變者，乃且錯其人勿與語。而更問所親，知其所安。夫情變於內者，形見於外。故常必以其見者，而知其隱者。此所謂測深揣情。

故計國事者，則當審量權。說人主，則當審揣情。謀慮情欲必出於此，乃可貴，乃可賤，乃可重，乃可輕，乃可利，乃可害，乃可成，乃可敗。其數一也。故雖有先王之道、聖智之謀，非揣情，隱匿無所索之。此謀之本也，而說之法也。常有事於人，人莫能先。先事而至，此最難為。故曰，揣情最難守司。言必時其謀慮。故觀蜎飛蠕動，無不有利害，可以生事變。生事者幾之勢也。此揣情飾言成文章，而後論文。

〔譯　文〕

古代善於施用權謀於天下之人，必先衡量天下權勢所在，揣摩諸侯實情，再進行謀略。如果衡量權勢不夠詳細，就不能確知各諸侯的強弱虛實，如果揣摩實情不夠詳實，就不能確知全天下動靜變化。什麼叫衡量權勢呢？衡量權勢需要做到那些事？要測量大小；要謀畫眾寡；估量財貨有無；要算計人民的多寡、貧富以及貧富間的差距；要研究地形的險易，何處有利、何處有害；要審察朝中臣子的謀略，那個人強、那個人弱；觀察君臣的親疏關係，何者賢、那個人不肖；幕下賓客的智慧，何者高、何者智慧低？其次，要觀察天時的禍福，看看吉凶的情況如何？諸侯之間的親疏關係，那一個可用、那一個不可用？還有民心的向背變化，那裡安全可靠、那裡危險可慮？他們喜歡些什麼、討厭些什麼？叛徒熟悉那些地方，在那裡活動？能做到以上這些，就算做到衡量權勢的工夫。而要揣摩實情，就須在對方最高興的時候，去滿足他們的最大慾望，以後，當他們有慾望產生時，就無法加以隱瞞。當對方在極度恐懼的狀況下，而有惡念產生時，則去滿足他們的最大惡念，以後，當他們再有惡念產生，就無法隱瞞。如此，每當他們的情慾發生變化，都能在掌握之中。若某些人，雖在喜懼的時候，會受到情慾和惡念的感動，但又無法確實掌握他的好惡時，就暫時放下不與他交談，改用旁敲側擊的方式，查問他所親近喜好的事物，便可以知道他情慾所在了。一般人的內心情緒發生變化時，就表現在外，而在行動舉止上有所不同。因此，觀察一個人的外在行為，也可以了解這個人的內在變化，觀色而知情這就是所謂的「測深揣情」。

所以，謀畫國事的人，就應當詳細衡量權勢；向人君遊說獻策時，就應當詳細揣摩實情。凡是有謀慮、情慾，都先揣摩而後施行，那麼，貴、賤、重、輕、利、害、成、敗，一切都可隨心所欲，因為，都是由揣術所控制。即使有古聖先王的德性和智謀，若不使用揣情之術，也無法探索出對方隱匿心中的實情。所以，揣情是謀略的基本原則，遊說的通用法制。只要善用揣情之術，對別人施展謀略時，人們都不能預先察知。若知某人欲施展謀略於己，而能預作防範，這是最不易達到的高深境界。所以，要揣度人情而適度掌握，是件最困難的事。因為，謀慮出於人情，人情的變化瞬息萬變，要如何掌握最佳時機，實在不是件容易的事。微小的昆蟲蠕動時，都有利害相關，隨時可能發生事變。因此，要進行任何事變謀略，都要審度幾微之勢，觀察事態的微小變化。揣情之後，還要修飾言語，使說辭具有文采理路，再進行遊說。

〔註　釋〕

揣　揣摩，推測對方心理。

量權　量是用秤稱重量，權是秤上所用的錘。量權就是審度輕重。

賓客　君王、諸侯幕下的食客。

必以其甚喜之時……不能隱其情　人在極度興奮的狀況下，會說出所歡喜期望的事，在極度恐懼時，也會說出所厭惡不喜的事，因此，趁對方表露好惡之情時進行刺探，就能確實掌握對方真情，使對方無所隱遁。

變　指好惡喜懼。

所安　安，放也、置也。

數　通「術」。

時其謀慮　掌握對方謀慮的時機。

蜎飛蠕動　泛指昆蟲的飛動。

無不有利害　都存有利害之心。

八　摩　篇

〔原　文〕

摩者揣之術也。內符者揣之主也。用之有道，其道必隱。微摩之以其所欲，測而探之，內符必應，其應也，必有為之。故微而去之，是謂塞窌匿端隱貌逃情而人不知。故成其事而無患。摩之在此，符之在彼。從而應之，事無不可。

古之善摩者，如操鉤而臨深淵，餌而投之必得魚焉。故曰，主事日成而人不知，主兵日勝而人不畏也。聖人謀之於陰，故曰神。成之於陽，故曰明。所謂主事日成者，積德也，而民安之，不知其所以利。積善也，而民道之，不知其所以然，而天下比之神明也。主兵日勝者，常戰於不爭、不費，而民不知所以服，不知所以畏，而天下比之神明。

其摩者，有以平，有以正，有以喜，有以怒，有以名，有以行，有以廉，有以信，有以利，有以卑。平者靜也，正者直也，喜者悅也，怒者動也，名者發也，行者成也，廉者潔也，信者明也，利者求也，卑者諂也。故聖所獨用者。眾人皆有之然無成功者，其用之非也。故謀莫難於周密，說莫難於悉聽，事莫難於必成。此三者然後能之。

故謀必欲周密，必擇其所與通者說也。故曰，或結而無隙也。夫事成，必合於數。故曰，道數與時相偶者也。說者聽，必合於情。故曰，情合者聽。故物歸類。抱薪趨火，燥者先燃，平地注水，濕者先濡。此物類相應，於勢譬猶是也。此言內符之應外摩也，如是。故曰，摩之以其類，焉有不相應者。乃摩之以其欲，焉有不聽者。故曰獨行之道。夫幾者不晚，成而不保，久而化成。

〔譯　文〕

所謂「摩」，是揣測的手段。「內符」則是揣的主體。運用揣摩之術要講究方法，而這種方法必須要在隱密中進行。揣摩的要訣是以對方的欲望進行刺探，若刺探正確，必有情慾的符驗相呼應，內符既然相應，可見必定打算有所作為。得到符應，揣摩到對方真情後，便悄然退去，這就叫「塞窌匿端，隱貌逃情」而不為人知。所以，事情成功之後，也不會有禍患發生。我方施展摩術，而符應在彼，只要使用得當，對方自會有所呼應，因此，沒有任何事情是不成功的。

古代善用揣摩之術的人，就像一個善釣者，只要帶著魚鉤到深淵，拋下魚餌必能釣到大魚。因為他的一切都是在暗中進行，所以說：「事情成功了還沒有人知道，所指揮的軍隊勝利了，卻沒有令人畏懼。」聖人在暗中進行揣摩之術，人們不知其然，所以稱之為「神」，而又正大光明地成就謀略，所以稱之為「明」。所謂主事日成，包括兩方面：積德與積善。聖人積德，使百姓安於德，而不自覺它的好處在那裡。聖人積善，使百姓跟從他的善道，卻不知自己為何這麼做。因此，人們把聖人比為神明。所謂主兵日勝，是說聖人不使用武力爭戰，不消耗軍費，便使戰事消彌於無形，因此，百姓始終沒有知覺，也不知該佩服誰，該敬畏誰，只好把功績歸之於神明。

進行揣摩之術時，可用和平態度，或正義責難、討好方式、憤怒激將、名聲威嚇、行為逼迫、信義說服、利害誘惑、謙卑套取。和平就是安靜，正義就是直爽，討好就是取悅，憤怒就是恫嚇，名聲就是全譽，行為就是成功，廉潔就是清高，信義就是明智，利益就要追求，過分謙卑就是諂媚。因此，聖人所使用的憑藉，一般人也都擁有，只因運用不當，所以很少成功。因此，謀略最難的，莫過於做到周密；遊說最難的，莫過於要對方全聽；做事最難的，莫過於必然成功。唯有聖人能做到這三點。

謀略想要做到周密，就要選擇思路能相通的人進行遊說。因為彼此思路相通，道理能全盤接受，而毫無瑕隙，所以是「結而無隙」。事情的成功，必然合於揣摩之術。所以說，道、術、時三者互相偶合，才能成事立功。遊說進言能使對方接受，必是內容合乎情理，所以說「合乎情理才能被接受」。所以，萬物都各歸其類，例如將柴火拋入火堆，乾燥的柴火必先燃燒；在平地上倒水，土濕的地面必定先進水。這就是物類互相呼應的道理，由於物性使然，必然出現這種形勢，而內符與外摩互相呼應，也是緣於這個道理。因此，只要以同類相摩，那有不呼應的呢？以對方的欲求來相摩，那有不聽從的呢？唯有聖人善於運用揣摩之道，所以說是「獨行之道」。聖人精通機微，見機而作，絕不會坐失良機，功成而不居，故能化育天下。

〔註　釋〕

摩　按摩，刺探。

內符　情慾在內部活動，而有符驗表現在外。

揣之主　揣是觀察外在的符驗以判斷內心狀況，因此，符驗是揣的基礎。

隱　在隱密中進行。

有為之　有所作為。

窌　地窖。

端　端緒、開始、前兆。

符之　相呼應。

主事　主持進行某件事情。

主兵　指揮軍隊。

謀之於陰 在暗中進行策畫。

成之於陽 成就公諸於世，大家都看到。

其所以利 為什麼有利的原因。

道 路也。跟從。

不爭不費 不使用武力爭戰，不消耗軍費。

比之神明 百姓不知聖人何以能達到一般人所不能為，只好以神明解釋。

其摩也……有以卑 人的性格各有不同，故而摩的方式也因人而異。

發 擴大名聲。

成 實際使其成功而進行觀察。

卑者諂也 表現得謙卑笨拙，乃是為了迎合對方。

無隙 緊密沒有瑕隙。

道數 道與術。

與時相偶 道、術、時三者合一，互相配合。偶是伴同、順沿、並列之意。

獨行之道 沒有他人能施行，只有聖人最善於運用揣摩之術，故曰獨行。

幾者 通曉機微的人。

不晚 不錯失良機。

成而不保 功成不居。

久而化成 言以上兩事若能行之久遠，就能化育萬物。

九　權　篇

〔原　文〕

說之者，說之也，說之者，資之也。飾言者，假之也，假之者，益損也。應對者，利辭也，利辭者，輕論也。成義者，明之也，明之者，符驗也。難言者，卻論也，卻論者，釣幾也。佞言者諂而于忠，諛言者博而于智，平言者決而于勇，戚言者權而于信，靜言者反而于勝。先意成欲者諂也。繁稱文辭者博也。策選進謀者權也。縱舍不疑者決也。先分不足而窒非者反也。

故口者機關也，所以閉情意也。耳目者心之佐助也，所以窺間姦邪。故曰，參調而應，利道而動。故繁言而不亂，翺翔而不迷，變易而不危者，觀要得理。故無目者，不可示以五色，無耳者，不可告以五音。故不可以往者，無所開之也。不可以來者，無所受之也。物有不通者，故不事也。古人有言，曰，口可以食，不可以言。言者有忌諱也。眾口爍金、言有曲故也。

人之情，出言則欲聽，舉事則欲成。是故智者不用其所短，而用愚人之所長，不用其所拙，而用愚人之所工，故不困也。言其有利者，從其所長也，言其有害者，避其所短也。故介蟲之悍也，必以堅甲，螫蟲之動也，必以毒螫。故禽獸知用其長，而談者知用其用也。

故曰，辭言五，曰病，曰怨，曰憂，曰怒，曰喜。故曰，病者感衰氣而不神也。怨者腸絕而無主也。憂者閉塞而不泄也。怒者妄動而不治也。喜者宜散而無要也。此五者，精則用之，利則行之。故與智者言依於博，與拙者言依於弁，與弁者言依於要，與貴者言依於勢，與富者言依於高，與貧者言依於利，與賤者言依於謙，與勇者言依於敢，與過者言依於銳，此其術也。而人常反之。是故與智者言將此以明之，與不智者言以此教之。而甚難為也。故言多類，事多變。故終日言，不失其類，故事不亂。終日變，而不失其主。故智貴不妄。聽貴聰，智貴明，辭貴奇。

〔譯　文〕

所謂「說之」，就是對人進行遊說，而遊說成功的基本條件是有所資取於人。粉飾性的言語，是藉以說服他人的，既然是假藉之詞，就是對真實情況有所增減修飾過的言語。所謂應對之辭，就是伶俐的反應之辭，因此，大多是輕率而不假思考的言論。所謂成義理，就是要明真偽，若要明真偽，就要細心觀察對方的符驗。存心刁難的話，乃是反對之言，說出反對之言的作用，在誘出對方心中的機微之語。說奸佞之言者，是為了諂媚承歡以求忠正之名；說阿諛之言者，乃是藉著繁博的言語以求智者之言；說平正之言者，乃是藉果斷而不疑的言語以求勇名；憂戚以陳言的人，藉著進獻謀略以求信名；清淨以陳言的人，是藉著反攻他人之過以求勝名。預測他人的欲望以討好對方，就是諂媚；言辭溢美誇張就是吹噓；精選謀略以獻策的人，就是權量；收放自如，絕不猶疑就是果決；自己不足不知內省，反而攻擊他人為不對，就是反道。

口是個控制發言的機關，可以用來關閉情意。耳目是輔助心的，藉以偵察奸邪。若耳、目、心三者互相調和呼應，就會順道而動，動必成功，雖有繁瑣的言語干擾，也不會被擾亂，雖有眾鳥在眼前飛翔，也不會眼花撩亂；雖有變亂發生，也不會有危險；因為能掌握觀察的要點，所以不會被迷惑。面對沒有眼睛的人，就沒有辦法告訴他五色是什麼樣子，如果對方沒有耳朵，不能聽聲音，也就沒有辦法形容五音的差異。前面那個地方不可以去，乃是因為無路可通的關係，同理，這個地方不可以來，是因為沒有可容納的位置。無路可通和無處容納，都是閉塞不通的局面，因此，聖人絕不會選擇那種地方求發展。

古人有句話說：「嘴是用來吃東西的，不要多說話。」因為多說話萬一觸犯忌諱，會惹來災殃，而且眾口鑠金，容易造成私曲。

一般人的心理，只要開口說話就希望有人聽，只要開始行動便希望能成功。因此，聰明人面對自己的短處與愚者的長處時，寧願棄自己之短而選擇愚者之長，不用自己笨拙之處，而採用愚者所擅長專精之處，這樣做事永遠不會遭遇困境。因為對方的長處對我有利，就採用對方的長處，而我的短處對事情有害，就避開我的短處。因此，甲蟲防衛敵人侵襲時，必使用牠的堅甲；毒蟲要展開攻擊時，也必定使用牠的毒針，可見禽獸也知道善用牠們的長處，遊說進言的人，更該知道如何運用自己所長。

平時說話的辭令有五種：病言、怨言、憂言、怒言和喜言。病言就是衰頹沒有精神的話。怨言就是傷心腸斷時，漫無組織的話。憂言就是精神悒悒閉塞，不足以表達心意的話。怒言就是勃然大怒時，輕妄而不假思索的話。喜言就是歡喜心動時，所說散漫無重點的話。以上五種辭令，若精鍊便採用，有利便實行，否則就應廢棄不用。和智者說話以淵博為原則，和拙者說話以強辯為原則，和強辯者說話以簡要為原則，和身分高貴的人說話，要強調自己的權勢，和富者說話，要強調自己的地位，和貧者說話，要強調自己的財富，和地位低賤的人說話，要以謙恭為原則，和勇敢的人說話，要以果敢為原則，和強者說話，要以堅強不屈為原則。這是說話的正確方法，而一般人往往反其道而行。因此，和智者說話時，就要細心觀察學習，以闡明這個道理，和愚笨的人說話時，就可以用以上的方法教誨他。可是人迷惘過久，恐怕不易教導。說話的方法有許多種，事情也可能隨時發生各種變化。即使整天在說話，只要不迷失說話原則，事情就不會攪亂。無論事情如何詭變，只要不亂，便能掌握事情的脈絡重點，而不迷失自己的原則。因此，智慧貴在不妄動。聽話最重要的是聽得清楚，智慧最重要的是能明理，辭令最重要的是出奇，三者能行，則事功可成。

〔註釋〕

權　天平上的砝碼，根據物體重量，砝碼也隨之增減。喻隨狀況選擇適當方法。

資　益也，就是提供他人利益或貢獻。

說者，說之也　遊說就是要說服他人。

飾言　修飾過的言語，就是好聽的話。

假　假借，不真。

益損 增減。

應對 回答對方發問的應答之辭。

利辭 反應迅速的敷衍之辭。

輕論 輕妄不經深思的言論。

成義者，明之 要成就義理，先要辨明真偽。

難言 刁難、指責的言語。

卻論 反對的言論。

釣幾 誘導對方說出心中所隱藏的機微之事。幾同機。

諛言 諂媚的言辭。

平言 平實可靠的言論。

戚言 憂戚的言論。戚者，憂也。

靜言 心平氣和、沉靜的言論。

縱舍 收放、進退。縱，放縱、前進。舍，放棄、退卻。舍同捨。

先分不足 自己知道自己有所不足。

窒非 責備他人的過失。

口者機關 口是表達情意的控制器官。

耳目者，心之佐助 耳目是協助心蒐集情報的器官。

姦邪 姦者惡也，邪者，不正也。

參 同「三」，指心、眼、耳三項器官。

利道 選擇有利的道路而行。

翱翔 翱是鳥在空中上下飛舞的姿勢，翔是鷂鷹等在空中展翅，轉著圓圈滑行的姿勢。

眾口鑠金 謂多數人的流言足以顛倒

是非，形容人言可畏。

介蟲　帶有甲殼的昆蟲。介是甲殼、鐵甲。

螫蟲　能用毒針刺人的小蟲。

博　博學多聞。

拙者　不聰明，智慧拙劣，才能低劣的人。

辨　同「辯」，辯論、雄辯。

要　重點、樞紐。

高　指地位高。

敢　果敢進取。

聽貴聰……辭貴奇　聽話貴在聽得清楚，智慧貴在能明是非善惡，言辭貴在巧妙出奇。這三者能同時發揮，就能成就事功。

十　謀篇

〔原　文〕

為人，凡謀有道。必得其所因以求其情。審得其情，乃立三儀。三儀者，曰上、曰中、曰下。參以立焉，以生奇。奇不知其所擁，始於古之所從。故鄭人之取玉也，載司南之車。為其不惑也。夫度材量能揣情者，亦事之司南也。故同情而俱相親者，其俱成者也。同欲而相疏者，其偏成者也。同惡而相親者，其俱害者也。同惡而相疏者，偏害者也。故相益則親，相損則疏，其數行也。此所以察同異之分類一也。故牆壞於隙，木毀於其節，斯蓋其分也。故變生於事。事生謀，謀生計，計生議，議生說，說生進，進生退，退生制，因以制於事。故百事一道，而百度一數也。

夫仁人輕貨，不可誘以利，可使出費，勇士輕難，不可懼以患，可使據危，智者達於數明於理，不可欺以誠，可示以道理，可使立功。是三才也。故愚者易蔽也，不肖者易懼也，貪者易誘也。是因事而裁之。故為強者積于弱也，為直者積於曲，有餘者積于不足也。此其道術行也。

故外親而內疏者說內，內親而外疏者說外。故因其疑以變之，因其見以然之，因其說以要之，因其勢以成之，因其惡以權之，因其患以斥之，摩而恐之，高而動之，微而證之，符而應之，擁而塞之，亂而惑之，是謂計謀。計謀之用，公不如私，私不如結，結而無隙者也。正不如奇，奇流而不止者也。故說人主者，必與之言奇，說人臣者，必與之言私。

其身內其言外者疏，其身外其言深者危。無以人之所不欲，而強之於人，無以人之所不知，而教之於人。人之有好也，學而順之，人之有惡也，避而諱之，故陰道而陽取之也。故去之者縱之，縱之者乘之。貌者不美，又不惡，故至情托焉。可知者可用也，不可知者，謀者所不用也。故曰，事貴制人，而不貴見制於人。制人者握權也，見制於人者制命也。故聖人之道陰，愚人之道陽，智者事易，而不智者事難。以此觀之，亡不可以為存，而危不可以為安。然而無為而貴智矣。智用於眾人之所不能知，而用於眾人之所不能見。即用見可，擇事而為之，所以自為也，見不可，擇事而為之，所以為人也。故先王之道陰。言有之，曰，天地之化在高與深，聖人之制道，在隱與匿。非獨忠信仁義也，中正而已矣。道理達於此義之，則可與言。能得此，則可與穀遠近之義。

〔譯　文〕

替人家進行謀畫時，有一定的方法。首先要知道事情的因果關係，然後才能探出對方的實情。得到對方的實情之後，就要畫分三儀。所謂「三儀」，就是上智、中才與下愚。從這三者之中加以參驗，然後可以得出奇計。奇計既生，就可以無往不利，不會有壅塞的情況發生，古時順道而動的人就已經這麼做了。因此，鄭國人入山採玉，都帶著指南車前去，以免迷失方向。而度才、量能、揣情，就如同指南車的功用。凡是慾望相同而又彼此相親的人，必定是雙方都是成功者。若慾望相同，而關係卻生疏的，必定是只有一方成功，而另一方是失敗者的緣故。若同遭憎惡而彼此相親，是因為兩人同遭其害的緣故。若同遭憎惡卻關係疏遠，必是因其中一人受到較嚴重的迫害。因此，如果互利，感情就會親近，如果彼此會互相損害，感情就會疏遠。這是常發生的事情，也是用來判斷異同的方法。牆壁是因為有了裂縫，才開始崩壞。樹木是因節目遭蟲蛀才開始枯萎，這都是理所當然的事。因此，變故是由於有事情才會發生，有事情才有謀略發生，有謀略產生計劃，有計劃產生議說，有議論而後有遊說，有遊說而後進取之心，有進取之心而後有退卻之念，有退卻之念而產生控制之想，於是，就以控制手段做為處理事情。可見各種事情的起因都有同樣的道理，而處理事情的萬種方法，都源於一樣的法則。

有仁德之心的人都輕視財貨，不可用金錢誘惑他們，反而可以讓他們捐出費用。勇敢的人輕視危難，所以，不能用禍患恐嚇他們，可以讓他們處理危難。有智慧的人通達事理，不可騙取他們的忠誠，應該直接以道理說服他們，可以使他們貢獻心力，建立功業。仁人、勇士、智者，就是天地間的「三才」。愚笨的人易遭蒙蔽，不肖之徒易受恐嚇，貪婪之輩易被誘惑，根據各人的缺點加以裁奪，選擇最佳的方式施以指揮控制，就能使人人發揮所長。積弱可以為強，積曲可以為直，積不足可以為有餘，這都是施行道術的結果。

外表親密，而內心實際疏速的人，就要針對他內心疏遠的原因進行遊說，以除去他的內疏。內心其實相親，而外表卻裝得很疏遠的人，就要針對他外表疏遠的原因進行遊說，以除去他的外疏。根據對方的疑惑而變化情勢，對方有所見要肯定他，再根據其說辭意見以探索對方的想法，加以歸納。歸納其結果以後，再依形勢助成結果。如果對方有所惡，就針對其所惡進行權量謀畫，如果對方有所恐懼憂患，就要針對憂患為他排除之。如果對方驕傲自恃，就要加以恐嚇，用高壓的手段使他害怕而動心，並徵引證據，設符驗加以證明。若還不能達到目的，就要進一步壅塞對方的心神，擾亂對方思路，使他迷惑而失去自主，以達到說服的目的。以上做法就叫「計謀」。說到計謀的運用，公然施展不如暗中進行。自己私下進行又不如與人結黨合作，兩人同心就可以合作無間，助成謀略。而正規的謀略又比不上奇策，因為奇策是隨機應變的，施展起來可以變化無窮，運轉不止。因此，向君王進行遊說，必定要和他談論奇策，向人臣進行遊說時，則必須在私下進行，以確保隱秘。

關係親密而言語卻表現生疏的人，必定會遭到疏遠，關係生疏卻能深通內情的人，必定會遭到危險。不要強迫人家接受所不喜歡的東西，也不要以人家所不知道的事物，來教導人家。對他人喜歡的事物，要學著去喜歡，以迎合對方。別人所厭惡的事物，就要避免觸及，以免引起對方反感。能這麼做，雖是暗中進行謀略，卻能得到對方公然的回報。若想除去某人時，就要先放縱對方，放縱原因是使對方積惡，等對方積惡深重，再乘機以公法制裁他。無論遇到任何事物，絕不喜、怒形於色的人，其性情冷靜中和，可以將重大機密的事情託付給他。能掌握對方心理，才可以重用他，如果不了解對方心理，具有謀略的人不會輕易去重用這個人。為政最重要的是控制人，絕不可陷入別人的控制之中。控制人才可以掌握大權，受人控制則生命大權也操縱在別人手中。因此，聖人立身處世之道是陰，愚人立身處世之道是陽，為智者做事容易成功，為不智者做事難於成功。

由此看來，國家一旦滅亡就很難復興，國家一旦陷於混亂就難再歸於平靜。然而，智者無為而貴智，他的智慧用在眾人所不能知、不能見的地方。若計謀在使用後，發現可行時，就要選擇事情來進行，這是為自己而做。若使用後發覺不可行時，仍要選擇事情進行，這是為別人而做，使對方看出事情的錯誤所在。因此，古聖先王所推行的大道貴在陰密。正如古話所說：「天地之化在高與深，聖人之制道在隱與匿。」聖人的制道並不僅止於忠信仁義，而是不偏不倚的中正之道。如果能通曉這個道理，就可以和他談論謀略之道。若能深通謀略之義，就可以為他培養遠近的人才，擁護他登上君王之位。

〔註　釋〕

謀　謀畫、手段、方法。

得其所因以求其情　調查事情的前因後果，以掌握其人之心理狀態與慾望。

三儀　指上智、中才、下愚三等人。

參以立焉，以生奇　參考三儀來評論事物，從其中得出奇策。

始於古之所從　古人老早已經遵行這個道理。

司南之車　即指南車。車上裝有磁石，指針固定指向南方，可做為指示方向的基準。

同惡而相疏者，偏害者也　如果兩人同遭君王憎惡，而關係卻生疏，乃是因為兩人受害程度不同所致。

以察同異之分類　用來觀察同異，做為分辨同異的標準。

墻壞於隙，木毀於其節，斯蓋其分也　墻同牆，指環繞住宅周圍所建的土牆。牆是從裂縫處開始崩壞，樹木是節目的地方開始腐敗，人也要從空隙處找破綻。

進生退　進生於退，因為有退卻之念才會生出進取之心。

一數　一種方法。

三才　指仁人、勇士、智者。

因事而裁之　定計謀時，要因應事態做巧妙的裁奪。

因其疑以變之　對內外不親，凡事都持懷疑態度的人，就要根據他的疑點進行謀略，使他改變想法。

因其見以然之　承認對方的觀點，給予對方肯定。

因其說以要之　對方有不同的論點時，要細心聽取，再做成歸納。

微而證之　悄悄地引用證據來證明自己所言。

符　取信於人的證據。為證明而做的符叫割符。

擁而塞之　擁通壅，就是用土堵住。塞是封閉。

私不如結　兩人合謀相結要比獨自進行陰謀來得好。

正不如奇　正規的策略不如出其不意的奇策有效。

其身內……言深者危　關係親密卻表現置得事外，或將言語洩露於外，就會被疏遠；關係生疏，卻說些通曉內情的話，這個人就會發生危險。

陰道而陽取之　所進行的是陰謀，卻能公然得到對方的回報。

貌者不美……至情托　無論對任何事都可以喜怒不形於色的人，性格必然冷靜而不偏激，這種人可以全心信賴他。

可知者可用也　能了解對方，才可以任用對方。

亡不可以為存，而危不可以為安　救亡圖存是很困難的事，只有智者能做到。

言有之　古語中有這麼一句話。

道理達於此　通達這個道理。

十一　決篇

〔原　文〕

為人凡決物，必托於疑者，善其用福，惡其有患，害至於誘也，終無惑。偏有利焉，去其利則不受也，奇之所托。若有利於善者，隱托於惡，則不受矣，致疏遠。故其有使失利，其有使離害者，此事之失。

聖人所以能成其事者，有五。有以陽德之者，有以陰賊之者，有以信誠之者，有以蔽匿之者，有以平素之者。陽勵於一言，陰勵於二言，平素樞機以用四者，微而施之。於是度以往事，驗之來事，參之平素，可則決之。危而美名者，可則決之。不用費力而易成者，可則決之。用力犯勤苦，然而不得已而為之者，可則決之。去患者，可則決之。從福者，可則決之。故夫決情定疑萬事之機，以正亂治決成敗，難為者。故先王，乃用蓍龜者以自決也。

〔譯　文〕

有疑始有決，因此，替人決疑時，必定是受托於有疑惑的人。人們都喜歡好事，不喜歡壞事降臨到自己身上，善於決疑的人，能夠誘出實情，斷定其可否，使疑者不再迷惑。若這件事能得到某方面的利益，而決疑者卻令他放棄，一定不會為對方所接受，就是要以奇策來解決的時候。如果這件事是可行的，絕對有益無害的，決疑者卻隱其利益而偽稱有害，也會受疑者所拒絕，而和他疏遠。因此，凡是使人失去利益，或使人遭受災害，都是決事不正確的過失。

聖人之所以能成功的原因，在於他善於變通，因事制宜，面對不同的狀況，分別以五種態度去處理，或是用陽德，或是用陰賊，或是用信誠，或是用蔽匿，或是用簡明之理。陽明君道，一是無為，君道要勉於無為守常。是臣道，二是有為，臣道要勉於有為進取。君道無為，以平素守常為主，臣道有為，以樞機為用。無為、有為、平素、樞機四者在運用時，必須要精微謹慎。有了君臣的定分以後，衡星過往的舊事，和未來的情況相驗證，再參考平素的事理，就可以做成決定。事情雖危而可得到美好名聲的，覺得可行就該迅速做成決定。不用費力而容易成功的，應該迅速做成決定。需要費很大力氣而又辛苦難成，卻又不得不做的，也該迅速裁定。去患從福的好事，更該迅速做擬決。處理事情的疑慮做成決定，乃是萬事成敗的關鍵。因為治亂、成敗都在於「決」，因此，決疑不是一件容易的事，連古聖先王的睿智，也不得不用蓍草和龜甲占卜吉凶，來幫助自己決定一切疑惑之事。

〔註　釋〕

善用其福，惡其有患　任何人都喜歡得到福善，也都不高興遇到災禍，因此，決疑時要分外謹慎。

害至於誘也，終無惑　只要慎重從事，誘出事情因果，得知其情，便可以無惑。

利於善者……至疏遠　如果是好事，可以得到益處，決疑者卻故意隱瞞，反而告之以禍患，就無法使疑者接受其決，並會受到疑者的疏遠。

離　古通「罹」，遭遇也。

聖人所以能成其事　聖人做事所以能成功的原因。

以陰賊之　以陰謀處理。

平素樞機　平素是簡明，樞機是機要。

四者　指一言、二言、平素、樞機。

驗之來事　以未來的事情相驗證。

參　核對、對照、查對。

危　崇高。

萬事之機　萬事成敗的關鍵。

亂治　指政治的治亂。

蓍龜　占卜的意思。蓍是蓍草，龜是龜甲，都是占卜的工具。

十二　符言

〔原　文〕

安徐正靜，其被節無不肉。善與而不靜，虛心平意，以待傾損。右主位。

目貴明，耳貴聰，心貴智。以天下之目視者，則無不見，以天下之耳聽者，則無不聞，以天下之心慮者，則無不知，輻輳並進，則明不可塞。右主明。

聽之術曰、勿望而許之，勿望而拒之。許之則防守、拒之則閉塞。高山仰之可極，深淵度之可測，神明之位術，正靜其莫之極歟。右主聽。

用賞貴信，用刑貴必，刑賞信必，驗於耳目之所見聞，其所不見聞者，莫不闇化矣。誠暢於天下神明，而況姦者干君。右主賞。

一曰天之。二曰地之。三曰人之。四方上下左右前後，熒惑之處，安在。右主問。

心為九竅之治，君為五官之長。為善者君與之賞，為非者君與之罰。君因其所以來，因而與之，則不勞。聖人用之，故能掌之。因之循理，故能久長。因求而與，悅莫大焉。雖無玉帛，勸同賞矣。右主因。

人主不可不周。人主不周，則群臣生亂。寂乎其無常也，內外不通，安知所開。開閉不善，不見原也。右主周。

一曰長目，二曰飛耳，三曰樹明。千里之外，隱微之中，是謂洞。天下姦，莫不闇變更。右主參。

循名而為，按實而定。名實相生，反相為情。故曰，名當則生於實，實生於理，理生於名實之德，德生於和，和生於當。右主名。

轉丸，胠亂二篇皆亡。

〔譯　文〕

一個人能做到安、徐、正、靜，他待人的舉止節度自然顯得豐裕。如果人君善於攬事而又不安靜，只要心平氣和地等待，就會看見他遭傾覆。因此，為人君的一定要做到安、徐、正、靜。

眼睛貴在看得清楚，耳朵貴在聽得清楚，心貴在明智。為人君的因以天下人的眼睛看，所以能無所不見；以天下人的耳朵聽，所以能無所不聞；以天下人的心思考，所以能無所不知。若能同時做到以天下之目視、以天下之耳聽、以天下之心慮，就沒有任何事情可以蒙蔽他。以上三項就是使人君明智不受蒙蔽的方法。

聽取進言的方法是：不因眾人的說法而表示接納，也不因眾人的說法而表示拒絕，應該操之在己，慎重抉擇。若能接納對方，對方就會歸順為你防守，若拒絕對方，對方就會閉塞他的心違逆你，不可不慎。高山雖高，仰望就可看見山頂，深淵雖深，測度就可以知道深度，唯有神明的位術，只見一片正靜而高深不可測。以上就是聽取進言的方法。

對臣民施予獎賞時，貴在守信；施以處罰時，貴在公正。獎賞與刑罰的信用公正，都為人民所親見親聞，便足以建立威信。其他的事情，人民雖沒有親眼看見，也知道刑賞的結果，於是人人守法，而收到潛移默化的功效。能做到信賞必罰，至誠便暢行於天下，通達於神明，人人都衷心擁戴，那怕有奸邪之人妄動冒犯君王的念頭呢?因此，賞貴在信。

為人君者問吉凶的要點，首問天時，次問地利，再次問人和。再問四方、上下、左右、前後的陰陽向背如何?熒惑之星的所在位置，主何吉凶?

心是九竅的統治者，君王為五官的首長。若表現良好的，君王給予獎賞，若為非作歹的，君王就給予懲罰。君王根據臣民來朝見的動機，斟酌對方的才能作為，給予適當的獎賞或職位，這樣就不會浪費精神人力。聖人重用這些臣民，因此便能掌握他們。聖人做事都順理而行，因此能持久。因應對方所求而給予獎賞，再沒有比這種事更能讓人高興的了，因此，即使沒有珍珠玉帛之類的獎賞，而只是口頭的誇讚，也和得到珍珠玉帛一般的喜悅。

為人君王的，不可不廣知世間一切道理，如果君王不通人情事理，群臣就會發生騷亂。一切變化無常都在悄然中進行，若內外不通，如何知道施行捭闔之道呢?如果不能善用捭闔之道，就無法發現善政的根源所在。因此，為君王者貴在通曉事理。

君王觀察天下大勢有三個法寶：第一是長目，就是用天下之目視，第二是飛耳，就是用天下之耳聽，第三是樹明，就是用天下之心慮。有這三寶，雖是千里之外，隱微之中的事物，也能看得清清楚楚，這就叫「洞」。如此，則天下姦邪之人都會暗暗改邪歸正。因此，為君者要能參考天下的目、耳、心。

遵循名分去做事，按照事實來決事。名實互相增長，則情在其中。因此，適當的名份乃生於事實，事實存於真理，真理存於名實相符的道德之中，而道德存於和平之中，和平生於得當之理。因此，為君王必須重視適當的名份。

「轉丸」、「胠亂」二篇已經失傳。

〔註釋〕

符言 指言語和事實如割符般地吻合。符是割符、符節。在漢代，把帶節的竹片中分，由兩人分別持有，做為某種見證。他日只要能將兩片竹片完全吻合，就可證明對方具有當日約盟的代表權。後來，改用木片或紙片代替竹片，並在上面加蓋印記，而從印章的中間切斷，分由雙方持有，這種印就叫騎縫印。有些人主張「符言」乃是「陰符之言」的略稱。

徐 靜、緩。

被節 被是被蓋、及之意，音ㄆㄧ。節是節度也就是影響別人節度的意思。

虛心平意 平心靜氣的意思。

待傾損 等待傾覆的時候到來。

主位　身居君王之位的人，應做到安、徐、正、靜。

主明　要做到明察秋毫，就要用天下之耳、目、心來觀察事物。

勿望而拒之　為人君者，聽信眾人之言要廣泛接受不可任意拒絕。

許之則防守　如果接納對方，就會使他歸服而保衛君王。

拒之則閉塞　如果拒絕對方，對方就會離叛，而使雙方心靈之路閉塞不通。

高山仰之可極……正靜其莫之極歟　高山和深淵都可以測出高度與深度，唯有神明的位術是正靜的，莫測高深。

主聽　君王聽取進言，應有廣大的胸襟。

驗　拿事實與耳目所聞見相對照，以明瞭真相。

主賞　獎賞貴在有信。

熒惑　即火星，古時主凶兆。

主問　人君所問在於天時、地利、人和。

九竅　竅是出入空氣的小孔，人體上共有九個小穴，就是口、兩耳、兩眼、兩鼻孔，兩排洩孔，一般除去兩排洩孔，通稱「七竅」。

五官　指人體中五種機能：視、聽、味、嗅、觸。

玉帛　指玉和絹，兩者都是貴重物品。

主因　君王貴在服膺真理。

不可不周　君王必須廣泛知道世間一切道理。

寂乎　悄然，沒有聲息的樣子。

不見原也　不知道為善的源頭。

主周　為君者的道理，在於通曉一切人情事理。

長目　用天下之目視。

飛耳　用天下之耳聽。

樹明　用天下之心慮。

主參　君王所該用的三種東西，即長目、飛耳、樹明。

循名而為　行動安於名份。

主名　君王以適當的名份治民。

十三　本經陰符七篇

1. 盛神

〔原　文〕

盛神法五龍。盛神，中有五氣，神為之長，心為之舍，德為之人。養神之所，歸諸道。道者天地之始，一其紀也。物之所造，天之所生，包容無形化氣，先天地而成，莫見其形，莫知其名。謂之神靈。故道者神明之源，一其化端。是以得養五氣，心能得一、乃有其術。術者心氣之道所由舍者，神乃為之使。九竅、十二舍者，氣之門戶，心之總攝也。生受之天，謂之真人。真人者，與天為一，而知之者。內修鍊而知之，謂之聖人。聖人者，以類知之。故人與生一，出於化物。知類在竅。有所疑惑，通於心術，術必有不通。其通也，五氣得養，務在舍神。此之謂化。化有五氣者，志也，思也，神也，德也。神其一長也。靜和者養氣，養氣得其和，四者不衰，四邊威勢，無不為，存而舍之，是謂神化歸於身，謂之真人。真人者，同天而合道，執一而養產萬類，懷天心，施德養，無為以包志慮思意，而行威勢者也。士者通達之，神盛乃能養志。

〔譯　文〕

要使神靈壯盛，就要效法五龍。能使神靈壯盛的，共有五氣。神是五氣的總帥，心是五氣所居住的地方，道德是使五氣而為人的根源。培養神靈的地方，歸之於道。道是天地所始生的根源，而一是道的根源。萬物因道而化成，天地因道而生成，道包容著不見其形的化育之氣，在天地形成之前就已形成，這化育之氣既無形狀，也無名字，只好稱之為「神靈」。因此，道就是神明的源泉，而一是道變化所由開始。藉著道乃能夠培養五氣，使心得以歸於一。一者，乃是無為而自然之謂，心能無為，始有道術產生。所謂道術，乃是心氣之道居住的地方，是神靈的使者。

九竅和十二舍都是氣所出入的門戶，由心所統一控制。這些都是與生俱來，受之於天的，稱之為「真人」。真人就是與天道合而為一，明白天道的人。經由修鍊學習而得知天道的人，稱之為聖人。聖人是藉著事物之理而知天道的人。人初生於天地之間，所得之於天地的都一樣，出生後隨著環境事物的刺激而有不同的變化。了解事物的機關在九竅，九竅有所疑惑的時候，就會轉而求解於心術，若心中不明此理，心術自然發生不通的現象。若心術能通，五氣就得以培養，五氣既然培養出來，就要使之固定不離開，然後可以隨理而化。因此，有五氣乃能夠生化出志、鬼、神、德，其中神是四者之長。有神君長志、鬼、德，乃能寧靜而養氣，氣得到滋養，乃得以和諧，於是志、鬼、神、德四者也得以不衰，而能將威勢達於四方，沒有什麼是做不到的。志、鬼、神、德常存於心，則神道變化就會歸之於身，神化歸身就可以稱之為「真人」。

所謂真人，與天地同心，和道術合和，以無為之道化育萬物，懷抱天地自然之心，施德養育萬民。真人本著無為的法則包容睿智、慮、思、意，並藉以運行他的威勢。唯有士能通達這個道理，因此，神威壯盛之後就能培養心志。

〔註釋〕

神　精氣、魂魄。

五龍　五行之說有五龍。根據陰陽五行之說，天地間有金、木、水、火、土五行循環流轉不止，萬物便根據這五種元素而產生。龍是古人想像中的靈獸，具有超凡的能力。

五氣　指心、肝、脾、肺、腎等五臟之氣。氣是萬物生成的根源。

心為之舍　心是五氣所住宿的地方。

德為之人　德可以治邪，乃是使人所以為人的根源。

養神之所，歸諸道　根據道以養神也。道是天地的真理，萬物的根源。

天地之始　天地開始於「無」，天地之始就是無。無可以生出有，而有又會歸之於無。

一其紀也　紀是開始的意思。天地之始是道，道始於一，而一就是「無」。

化端　變化的開始。端，緒也，始也。

得一　一是無，也是萬物之源。

有其術　心居於無為之境，道術自然產生。

十二舍　指耳、目、鼻、舌、身、

意、色、聲、香、味、觸、事等。

攝 統率。

受之天 道是由上天所傳授的。

聖人者，以類知之 聖人是經由學習而明道。

人與生一，出於化物 人初生所得之於天地的，都是一樣的自然之道，但是出生後會隨著環境而發生變化。

知類在竅 人所以知道事類，乃是由於九竅的功用。

有所疑惑，通於心術，術必有不通 九竅所接觸到的事物引起疑惑時，就會通向心術求知，如果心術也對此疑惑，就會發生心術不通的現象。

其通也，五氣得養 心術能通，五氣自然得以培養。

務在舍神 努力使神靈定居下來。

此之謂化 若能使神靈定居下來，自然會從聖而化。

四者 指志、思、神、德。

存而舍之 使其經常住在這裡。

執一 堅守無為。

2. 養志

〔原文〕

養志法靈龜。養志者，心氣之思不達也。有所欲，志存而思之。志者欲之使也。欲多則心散，心散則志衰，志衰則思不達也。故心氣一則欲不偟，欲不偟則志意不衰，志意不衰則思理達矣，理達則和通，和通則亂氣不煩於胸中。故內以養氣，外以知人。養志則心通矣，知人則分職明矣。將欲用之於人，必先知其養氣志，知人氣盛衰，而養其氣志，察其所安，以知其所能。志不養，心氣不固，心氣不固，則思慮不達，思慮不達，則志意不實，志意不實，則應對不猛，應對不猛，則失志而心氣虛，志失而心氣虛，則喪其神矣，神喪，則髣髴，髣髴，則參會不一。養志之始務，在安己。己安則志意實堅，志意實堅，則威勢不分神明。常固守，乃能分之。

〔譯　文〕

培養心志要效法靈龜。所以要培養心志，乃是因心氣之思不能上達。如果有欲望產生，就會存在心志中反覆思考，使心志成為欲望的使者。欲望多，心神就會渙散，心神渙散，意志就會消沉，意志消沉，則心氣之思就不能上達。因此，心氣統一，就少欲望，意志也不會消沉，意志不消沉，思想理路就得以通達，理路通達，和順之氣便通，和氣一通，亂氣自然消失。基於這個原因，就要在心中培養五氣，向外瞭解他人。培養志氣，使心得以通暢，瞭解他人，職分就得以明朗。

想要重用一個人的時候，先要知道他的養氣工夫。明瞭他的五氣和心志的盛衰情況後，再繼續培養他的氣志，然後，便可得知他的欲望和才幹。若心志得不到培養，心氣就不穩固，心氣不穩固，思慮也不通達，思慮不通達，志意就不實在，志意不實在，應對就不周到，應對不周到，就會喪失意志而使心氣空虛，意志喪失而心氣空虛，就會喪失他的神明。神明喪失，精神就會恍惚，使心、志、神三者的交會無法合一。因此，養志的首要工作在於安定自己的心。自己心安，意志就會堅定，意志堅定，威勢就不會渙散，有如神明。經常固守養志之道，則志堅意實，威勢壯盛，可以分威勢而震動萬物。

〔註　釋〕

養志法靈龜　志是判斷是非的，而靈龜占卜，則可以判斷吉凶，因此，養志要效法靈龜斷吉凶。

養志者，心氣之思不達也　由於心氣之思不能上達，因此才要養志。

偟　多也。

髣髴　兩者相似而難以辨別，就是不明確的意思。

參會　指心、志、神三者交會。

在安己　欲望少，心就會安靜。

3. 實　意

〔原　文〕

實意法螣蛇。實意者，氣之慮也。心欲安靜、慮欲深遠。心安靜則神明榮，慮深遠則計謀成。神明榮則志不可亂，計謀成則功不可間。意慮定則心遂，安則其所行不錯，神者得則凝。識氣寄，姦邪得而倚之，詐謀得而惑之，言無由心矣。故信心術，守真一而不化，待人意慮之交會，聽之候之也。計謀者存亡樞機。慮不會，則聽不審矣，候之不得。計謀失矣，則意無所信，虛而無實。無為，而求安靜五臟和六腑，精神魂魄固守不動，乃能內視，反聽，定志，思之太虛，待神往來，以觀天地開闢，知萬物所造化，見陰陽之終始，原人事之政理，不出戶而知天下，不窺牖而見天道，不見而命，不行而至。是謂道知以通神明，應於無方而神宿矣。

〔譯　文〕

堅定意志要效法螣蛇。堅定意志在於使心氣平和，思慮深遠。心氣要求安靜，思慮要求深遠，心氣安靜則精神開朗，思慮深遠，計謀就得以成功。精神開朗，心志就不會紊亂，計謀成功，就有不可抹殺的功勞。思慮安定，心氣也會隨之安定，心安則所作所為都不會出錯，這都是精神安定開朗所促成。

如果五氣不真，只是暫居而已，奸邪就會趁虛而入，詐謀也會乘機迷惑人心，而發生言語不由心意所控的現象。只要心術誠明，固守真一而不變化，就可以靜待人們意慮前來交會，聽天下人之言語，以明白物候。

計謀是存亡的關鍵所在，如果意慮不能交會，所聽的事就不詳審，物候也就無法明白。於是計謀失敗，而意志無所歸附，就會變得空虛不實在。

要求安心之道，就必須做到無為，使五臟安靜，六腑通和，精神魂魄都固守不動，這樣就能內視無形，反聽無聲，安定志慮，思想達於太虛，與神明互相交通往來。可以觀察開天闢地的道理，明白萬物造化之功，見陰陽的循環終始，探討人世的安邦治國之理。不出門戶而可以知道天下之事，不窺窗就能明白天道，不必親眼目睹，就能發令指揮，不必親至，卻如親身走到一般。此即「道知」可以通神明，不必向四方呼求，而神明自然前來居住。

〔註　釋〕

螣蛇　一種能飛的神蛇。

實意者，氣之慮也　意志堅定，就能使心氣平順，思慮清楚。

安則其所行不錯　心氣安定，則思慮詳審，行動自然不會出錯。

凝　凝結、安定。

識氣寄，姦邪得而倚之　若五氣只是暫居，姦邪就會乘虛而入。

信心術　使心術誠明。

待人意慮之交會，聽之候之　等待與人的意慮發生交會，細聽對方言論，以明白物候。

五臟　指心、肝、肺、脾、腎。

六腑　指小腸、膽、膀胱、大腸、胃、三焦。

能內視　指不使心外散。

牖　窗戶。

4. 分威

〔原　文〕

分威法伏熊。分威者神之覆也。故靜固志意，神歸其舍，則威覆盛矣。威覆盛，則內實堅。內實堅，則莫當。莫當，則能以分人之威而動其勢，如其天。以實取虛，以有取無，若以鎰稱珠。故動者必隨，唱者必和。撓其一指觀其餘次，動變見形，無能間者。審於唱和，以間見間，動變明、而威可分。將欲動變，必先養志，伏意以視間。知其固實者，自養也。讓己者，養人也。故神存兵亡，乃為之形勢。

〔譯　文〕

要使威勢壯盛，就要效法伏熊。壯盛的氣勢，是神的衣被外表。能堅定意志，使神前來居住，威勢就會更為盛大。威勢盛大，內志就會堅實，內志堅實，就會有萬夫莫擋之勢，有莫擋之勢，則我之威勢就足以撼動萬物，使萬物畏我有如天。

以我之實取對方之虛，以我之有取對方之無，就好像以鎰稱銖，愈增我的威勢。所以，我有所動，萬物必隨之而動，我若歌唱，萬物也隨之相和。只要屈撓其中一指，觀其餘各指的動靜，所有的活動變化都在我掌握之中，無人可居中離間。只要明白唱和的道理，利用間隙再找出間隙，就能明白變動，而威勢可以更壯盛。欲有所變動時，便養志、伏意、尋找間隙，伺機而動。自知志意堅實的人，就可以自養其志，能自行禮讓的人，就可以為人養志。如此，就會神存於內，兵亡於外，造成威勢盛壯的形勢。

〔註　釋〕

分威　分是影響遠大的意思。就是威勢盛大，可以影響到人、物。

法伏熊　熊想進行偷襲之先，會把身體伏在地上，等待機會，伺機而動。亦即要伸直之前，先要屈伏身體。

覆　覆蓋、外表。

威覆盛，則內實堅　如果在外表上威勢壯盛，內心也會隨之變得堅強。

以鎰稱銖　鎰、銖都是重量單位，二十四銖為一兩，二十四兩為一鎰。以鎰稱銖就是以大取小。

撓其一指　屈撓其中一指。

5. 散勢

〔原　文〕

散勢法鷙鳥。散勢者神之使也。用之，必循間而動。威肅、內盛、推間而行之，則勢散。夫散勢者，心虛志溢。意失威勢，精神不專，其言外而多變。故觀其志意為度數，乃以揣說圖事，盡圓方齊短長。無則不散勢。散勢者，待間而動。動勢分矣。故善思間者，必內精五氣，外視虛實，動而不失分散之實，動則隨其志意，知其計謀。勢者利害之決，權變之威。勢敗者，不以神肅察也。

〔譯　文〕

在散發威勢時，要效法鷙鳥。散發威勢的人，乃是神的使者。散發盛勢時，必尋找間隙，伺機而動。只要威儀嚴肅，內勢強盛，再乘隙而發，威勢自然會散發出去。而散發威勢的人必定能虛心包容，堅毅決事。意念一旦失去威勢，精神就會渙散，言辭也隨之閃爍不定而容易洩露機密。因此，在進行計謀之前，要先觀察對方的意志強弱情形，方可進行揣說謀畫，乃可以盡圓方之理，而變短長之用。如果對方無間可乘，就不做散勢的打算。因為散發威勢必須等待適當時機，乘隙而動。一個善於尋找間隙，等待時機的人，必定內精於五氣，外可察虛實之理，伺機而動，達到散勢的目的，一旦活動就會追隨對方的志意活動，能夠了解對方計謀。威勢乃是決定利害的關鍵，可以加強權變的威力。如果神氣不莊肅，威勢就會衰敗。

〔註　釋〕

鷙鳥　一種很兇猛的禽鳥，《孫子》中有：「鷙鳥之擊，至于毀折者，節也。」

夫散勢者，心虛志溢　要發散威勢的人，就必須心虛而能包容一切，意志堅定而能決定一切。

意失威勢　意志衰微，喪失威勢。

6. 轉圓

〔原　文〕

轉圓法猛獸。轉圓者無窮之計。無窮者必有聖人之心以原不測之智，以不測之智而通心術。而神道混沌為一，以變論萬類，說義無窮。智略計謀，各有形容，或圓或方，或陰或陽，或吉或凶，事類不同。故聖人懷此之用，轉圓而求其合。故興造化者為始，動作無不包大道，以觀神明之域。

天地無極，人事無窮，各以成其類。見其計謀，必知其吉凶成敗之所終也。轉圓者，或轉而吉，或轉而凶。聖人以道先知存亡，乃知轉圓從方。圓者所以合語，方者所以錯事，轉化者所以觀計謀，接物所以觀進退之意。皆見其會，乃為要結，以接其說也。

〔譯 文〕

要使智慧轉圓不止，就要效法猛獸的無盡獸威。所謂轉圓，乃是一種無窮無盡的計劃。所謂無窮，就是要有聖人的胸襟，去探討不可測量的智慧，再以不可測量的智慧去溝通心術。然後，混沌的神道乃可以渾然歸一，可用以討論萬物生成之理，述說無窮之義。智略計謀變化無窮，各有不同的形態，或圓、或方、或陰、或陽、或吉、或凶，各用於不同的事類之上。聖人懷抱不同的智謀，以轉圓之思謀求通合之理，然後開始興教化，他的動作必定合乎大道，並可以上窺神明的領域。

天地廣大，無邊無際，人事無窮無盡，天地與人事各成其類。只要見計謀的得失，就可以預知吉凶成敗的結果。吉凶無常，故而轉圓的結果也不定，可能轉而為吉，也可能轉而為凶。聖人與道合一，故而可以預知存亡所在，明白轉圓以就方的道理。圓是用以使言語相合，方是用以安定事情，轉化是用來觀察計謀得失，接物可以用來觀察對方進退之意。以上四者都是看見交會後的變化，再就其重點做成結論，以接連無窮之說。

〔註 釋〕

轉圓法猛獸　要使智慧轉圓不止，就要效法猛獸的獸威無盡。

有聖人之心　有聖人的襟懷。聖人的心如鏡，有感必有應。

智略計謀，各有形容　智略計謀沒有固定的形態。

天地無極，人事無窮　天地永無邊際，人事吉凶也無窮無盡。

圓者所以合語　圓變化無窮，用以使語言和合。

方者所以錯事　四角確立之後就會安穩，適於處置有為之事。

轉化者所以觀計謀　轉化就是轉禍為福，適用於觀察計謀的是非得失。

接物所以觀進退之意　接物的態度可以看出人情心理，可以明白對方進退之意。

7. 損益

〔原　文〕

損益法靈蓍。損益者幾危之決也。事有適然，物有成敗。幾危之動，不可不察。故聖人以無為待有德，言察辭合於事。益者知之也，損者行之也，損之說之，物有不可者，聖人不為辭也。故智者不以言失人之言。故辭不煩，而心不慮，志不亂，而意不邪。當其難易，而後為之謀，自然之道以為實。圓者不行，方者不止，是謂大功。益之損之，皆為之辭。用分威散勢之權，以見其兌威其機危，乃為之決。故善損益者，譬若決水於千仞之堤，轉圓石於萬仞之溪。

〔譯　文〕

要想知道損益吉凶，就要效法靈蓍。損益是由機微之理所決定。事有湊巧偶然，物類也有成敗，這一切均由於機危之動所決定，不能不小心細察。所以，聖人無所作為以等待有德之人，當有德之人來到，就細心觀察他的言辭，考核他的事功。

所謂益就是加深認識，損就是付諸執行。對方所說所行，如果有不合於物理的，聖人就不再多說。智者不因自己的言論而捨棄他人的言論，即使對方反覆同樣的言論也不煩躁，所以心中不會有雜念，意志也不會混亂，邪念也無從產生。當事情陷入困境無法解決時，就要為此事進行謀略，以自然之道為方法。以常理而論，應該是圓形方止，若謀略之施展，能使對方用圓而謀令不行，用方而謀令不止，就是極大的成功，謀之損益乃可以設辭而討論得失。以壯大聲威，散發威勢的權柄，觀察權威和機微，然後藉以做成決定。因此，善於決定損益的人，都通曉事理，意志堅決，行事彷彿在決堤的千丈堤防上，又像在萬丈的溪流中旋轉圓石，氣勢壯盛，不可抵擋。

〔註釋〕

靈蓍　蓍是巫草，用以占卜吉凶。

幾危　同「機微」。

合於事　核對某些事物。

益者知之也　益就是增加，加深認識。

損者行之也　損是雜念，要排除雜念，就要速下決心執行。

智者不以言失人之言　智者不因自己的言論而捨棄他人的言論。

故辭不煩　老是重複相同的言辭，也不覺得煩厭。

圓者不行，方者不止　如果計謀施展得巧妙，可以使圓的不轉，方的無法固定，就能打破對方的計謀。

分威散勢之權　施展威權勢力。

十四 持樞

〔原　文〕

持樞，謂春生夏長秋收冬藏天之正也，不可干而逆之，逆之者，雖成必敗。故人君亦有天樞，生養成藏。亦復不可干而逆之，逆之雖盛必衰。此天道人君之大綱也。

〔譯　文〕

所謂持樞，就是指春生、夏長、秋收、冬藏，這是天時的正常運作，不可加以反對抗逆。凡是反對的人，雖有一時的成功，終究會歸於失敗。人君也有天樞，也有其生、養、成、藏的運作之理，不可輕易干犯，違逆它的，雖有一時興盛，終會歸於敗亡。這是天道，也是人君治國的基本大綱。

〔註　釋〕

持樞　樞是門扉的軸。持樞就是事物生成發展的基本原理，以採取適當的行動。

十五　中　經

〔原　文〕

中經，謂振窮趨急，施之能言厚德之人。救拘執，窮者不忘恩也。能言者，儔善博惠，施德者，依道，而救拘執者，養使小人。蓋士，當世異時，或當因免闐坑，或當伐害能言，或當破德為雄，或當抑拘成罪，或當戚戚自善，或當敗敗自立。故道貴制人，不貴制於人也。制人者握權，制於人者失命。是以見形為容，象體為貌，聞聲和音，解仇鬥郄，綴去卻語，攝心守義。本經紀事者記道數，其變要在持樞中經。

見形為容，體象為貌者，謂交為之主也，可以影響、形容、象貌而得之也。有守之人，目不視非，耳不聽邪，言必詩書，行不僻淫，以道為形，以德為容，貌莊，色溫，不可象貌而得也。如是隱情塞郄而去之。

聞聲和音，謂聲氣不同則恩愛不接。故商、角不二合，徵、羽不相配。能為四聲主者，其唯宮乎。故音不和，則不悲，不是以聲散傷醜害者，言必逆於耳也。雖有美行盛譽，不可比目、合翼相須也，此乃氣不合音不調者也。

解仇鬥郄，謂解羸微之仇。鬥郄者鬥強也。強郄既鬥，稱勝者，高其功，盛其勢。弱者哀其負，傷其卑，汙其名，恥其宗。故勝者聞其功勞，苟進，而不知退。弱者聞哀其負見其傷，則強大力倍，死為是也。郄無極大，禦無強大，則皆可脅而并。

綴去者，謂綴己之繫言，使有餘思也。故接貞信者，稱其行，厲其志，言可為可復會之期，喜。以他人之庶引驗以結往明疑，疑而去之。

卻語者，察伺短也。故言多必有數短之處，議其短驗之。動以忌諱，示以時禁。然後結以安其心，收語蓋藏而卻之。無見己之所不能於多方之人。

攝心者，謂逢好學伎術者，則為之稱遠方驗之，驚以奇怪，人繫其心於己。效之於人，驗去，亂其前，吾歸於誠己。遭淫色酒者，為之術，音樂動之，以為必死生日少之憂，喜以自所不見之事終可以觀，漫瀾之命，使有後會。

守義者，謂守以人義，探心在內以合。探心深得其主也。從外制內，事有繫由而隨也。故小人比人則左道，而用之至能敗家奪國。非賢智，不能守家以義，不能守國以道。聖人所貴道微妙者，以其可以轉危為安，救亡使存也。

〔譯　文〕

所謂中經，就是救濟窮困，解決危難，會施行中經的人，必定是能言善辯，品德淳厚的人。如果能解救被拘捕的人，被救者必定不會忘恩負義。能言之士解紛救難，廣施恩惠，屬於善人之類。能對人廣施恩惠的人，行為必然本乎正道。能解救被捕之人的人，可以收養這些被補之人而加以指揮使用。士大夫生不逢時，或僥倖因某些原因而免於遭兵亂，屍填溝壑，或因能言而受小人所戕害，或毀壞文德以逞雄，或不幸為人抑拘成罪，或悶悶不樂，獨善其身，或面對危敗，仍能自立保身。道術貴在制人，不可為人所制。制人的人就握有權勢，而受制於人的人，就會喪失生命。因此，看見外形便知道他的形容，看見身體即知他的相貌，聽到聲音就隨聲喝和，解除仇恨爭鬥，抹卻排斥的言語，收攝心神，恪守正義。本經紀事只記道數，至於權變的要點，則在「持樞」和「中經」兩章。

所謂「見形為容，體象為貌」者，是指以爻卦占之而知道。可以用影響、形容、象貌來獲得敵人的情報。一個有為有守的人，眼睛絕不看非禮的東西，耳朵不聽邪惡的言語，說話必出自《詩經》、《書經》中的古雅字句，行為沒有乖僻淫亂的地方。他們以道為外形，以德為內容，外貌莊肅，表情溫和儒雅，不可以藉著外貌來刺探情報，面對他們，辯士也只好隱其情，解其仇，閉藏無所收穫地悄然離去。

聽到聲音就相和，若聲氣不相同，恩愛就無法相接，因此，有商、角二音不協和，徵、羽二音不相配的現象。能為四聲主音的，大概只有宮調。如果聲音不和諧，就沒有悲哀的韻調產生，這並非聲音本身散傷醜害，而是因聲音本身音氣不和諧，難以入耳的緣故。雖有高雅的言行和美好的名譽，也不能像比目魚和比翼鳥一般恩愛，這是由於五氣不合，聲音不協調所致。

所謂解仇，就是為兩個弱小國家調解不合，所謂鬥郄，就是促使不和的兩個強國互相鬥爭。強敵既已消滅，勝利者就誇耀自己的戰功，增強自己的威勢。而鬥敗的弱者就為自己的失敗哀傷，痛惜自己的卑微，以致污損名譽，羞辱祖先。因此，勝利者誇耀自己的戰功與威勢，只知輕率前進，而不知後退。而弱者哀痛自己的失敗，為受傷者而難過，更激發視死如歸的精神，產生加倍強大的力量。敵人沒有很大的弱點，但也沒有極強勢的防禦，只要全力以赴，也足以對其造成威脅，進而兼併其國。

所謂「綴去」，就是說出挽留的話，使求去的人詳細考慮。因此，和操守貞信的人接觸時，就要讚美他的行為，鼓勵他的志氣，告訴他這種高尚的行為值得經常去做，使他高興。再以他平素的行為相驗證，以闡明疑惑，消除心中的疑惑。

駁斥敵人的言論，乃是為伺機偵察敵人的缺點。言多必失，可藉此抓住對方的短處加以驗證，以忌諱和一般人的禁制恐嚇他，使他憂懼。而後再結納他，安慰他，收回以往的威脅之辭，加以籠絡，必定能使對方誠心歸順。然後，再告訴他：不要讓許多人知道你所不能做的事。

所謂「攝心」，就是遇到好學技術的人，就為他廣為宣傳，並以事實舉例驗證，使眾人驚奇，而他的心也隨之歸於己。他再與過去的賢人相驗證，認為已歸順於以誠待己的人。遇到沉湎酒色的人，就要以音樂之術感動他，提醒他如此將早亡，有活日無多之憂，以對方過去所不曾察見的事情感動他，使他高興，最後終於看到生命漫瀾而長遠，又生出求生之心。

所謂「守義」，就是遵守義理，探求人心之宜以求合作。刺探內心就能深入，從外面控制內心，事情可以無往而不利。如果是小人以探心之術比於君子，必定會用邪道當權，致使家敗國亡。除了聖賢和智者，一般人不能用義來治家，也不能用道治國。聖人所以重視道的微妙之處，乃是因為可以轉危為安、救亡圖存的緣故。

也。

〔註釋〕

中經 從內部管理外部，由中以經外屬，常廣施恩惠。

能言者，儔善博惠 能言者是善人之屬，常廣施恩惠。儔是同類、朋友的意思。

依道 不失道。

救拘執者，養使小人 解救被捕之人的人，可以收養這些感恩效命的小人，而任意使役。

當世異時……敗自立 士大夫生不逢時，或者僥倖免於兵禍，或是因能言而受害，或是毀文德，崇兵戰以稱雄，或是橫遭拘禁成罪，或是死守善道，或是因危敗相仍，君子窮而必通，乃能自立。闐坑是用土把地穴填平。抑拘是拘禁。

郄 骨肉間之縫隙也。

交為 同「狡偽」。

僻淫 邪惡淫亂之貌。

象貌 臉型容貌。

商角不二合，徵羽不相配 宮、商、角、徵、羽乃是五音的名稱，商屬金，角屬木，徵屬火，羽屬水，由於金、木、水、火、土五行相剋，因而發生樂聲不協的現象。

宮 五音之一，五行中配屬於土，能和其他四音。杜甫詩：「金管迷宮徵」。

合翼 傳說中，比翼鳥只有獨眼單翅，所以要並翅齊飛，以喻夫妻恩愛。

解仇鬥郄　二弱國有不和時，則為之調節，兩強國間不和時，則促而使之相鬥。

羸　瘦羊。

綴己之繫言　對求去的人說出挽留的話。綴是連綴、連接。

餘思　遺憾。

時禁　時間上的禁制。

結以安其心　如果對方抱畏懼之心，表示願意誠服，就要以誠相待，使他安心。

收語蓋藏而卻之　收起以前使用的威脅字眼，從此不談。

無見己之所不能於多方之人　不要在許多人面前暴露自己的無能。

伎術　同「技術」。

效　供獻、效勞。

驗去　和歷史上的賢人行為相對照。去，過往。

吾歸於誠己　歸順於以誠待我之人。

音樂動之　以快樂的音樂節奏感動人。

以為必死生日少之憂　讓對方知道，沉湎酒色有必死之害，警告他活日無多。

漫瀾　無限遙遠之貌。

後會　再見。

探心在內以合　探求對方內心之義理以求合作。

左道　邪道。

大展出版社有限公司
品冠文化出版社

圖書目錄

地址：台北市北投區（石牌）
致遠一路二段 12 巷 1 號
郵撥：01669551<大展>
19346241<品冠>

電話：(02) 28236031
28236033
28233123
傳真：(02) 28272069

・熱門新知・品冠編號 67

1. 圖解基因與 DNA　中原英臣主編　230 元
2. 圖解人體的神奇　（精）　米山公啟主編　230 元
3. 圖解腦與心的構造　（精）　永田和哉主編　230 元
4. 圖解科學的神奇　（精）　鳥海光弘主編　230 元
5. 圖解數學的神奇　（精）　柳 谷 晃著　250 元
6. 圖解基因操作　（精）　海老原充主編　230 元
7. 圖解後基因組　（精）　才園哲人著　230 元
8. 圖解再生醫療的構造與未來　才園哲人著　230 元
9. 圖解保護身體的免疫構造　才園哲人著　230 元
10. 90 分鐘了解尖端技術的結構　志村幸雄著　280 元
11. 人體解剖學歌訣　張元生主編　200 元

・名人選輯・品冠編號 671

1. 佛洛伊德　傅陽主編　200 元
2. 莎士比亞　傅陽主編　200 元
3. 蘇格拉底　傅陽主編　200 元
4. 盧梭　傅陽主編　200 元
5. 歌德　傅陽主編　200 元
6. 培根　傅陽主編　200 元
7. 但丁　傅陽主編　200 元
8. 西蒙波娃　傅陽主編　200 元

・圍棋輕鬆學・品冠編號 68

1. 圍棋六日通　李曉佳編著　160 元
2. 布局的對策　吳玉林等編著　250 元
3. 定石的運用　吳玉林等編著　280 元
4. 死活的要點　吳玉林等編著　250 元
5. 中盤的妙手　吳玉林等編著　300 元
6. 收官的技巧　吳玉林等編著　250 元
7. 中國名手名局賞析　沙舟編著　300 元
8. 日韓名手名局賞析　沙舟編著　330 元

·象棋輕鬆學·品冠編號 69

1.	象棋開局精要	方長勤審校	280 元
2.	象棋中局薈萃	言穆江著	280 元
3.	象棋殘局精粹	黃大昌著	280 元
4.	象棋精巧短局	石鏞、石煉編著	280 元

·生活廣場·品冠編號 61

1.	366 天誕生星	李芳黛譯	280 元
2.	366 天誕生花與誕生石	李芳黛譯	280 元
3.	科學命相	淺野八郎著	220 元
4.	已知的他界科學	陳蒼杰譯	220 元
5.	開拓未來的他界科學	陳蒼杰譯	220 元
6.	世紀末變態心理犯罪檔案	沈永嘉譯	240 元
7.	366 天開運年鑑	林廷宇編著	230 元
8.	色彩學與你	野村順一著	230 元
9.	科學手相	淺野八郎著	230 元
10.	你也能成為戀愛高手	柯富陽編著	220 元
12.	動物測驗—人性現形	淺野八郎著	200 元
13.	愛情、幸福完全自測	淺野八郎著	200 元
14.	輕鬆攻佔女性	趙奕世編著	230 元
15.	解讀命運密碼	郭宗德著	200 元
16.	由客家了解亞洲	高木桂藏著	220 元

·血型系列·品冠編號 611

1.	A 血型與十二生肖	萬年青主編	180 元
2.	B 血型與十二生肖	萬年青主編	180 元
3.	0 血型與十二生肖	萬年青主編	180 元
4.	AB 血型與十二生肖	萬年青主編	180 元
5.	血型與十二星座	許淑瑛編著	230 元

·女醫師系列·品冠編號 62

1.	子宮內膜症	國府田清子著	200 元
2.	子宮肌瘤	黑島淳子著	200 元
3.	上班女性的壓力症候群	池下育子著	200 元
4.	漏尿、尿失禁	中田真木著	200 元
5.	高齡生產	大鷹美子著	200 元
6.	子宮癌	上坊敏子著	200 元
7.	避孕	早乙女智子著	200 元
8.	不孕症	中村春根著	200 元
9.	生理痛與生理不順	堀口雅子著	200 元

國家圖書館出版品預行編目資料

『鬼谷子』給現代人的啟示／陳羲主編
－初版－臺北市，大展，民 98
面；21 公分－（鑑往知來；10）
ISBN 978-957-468-682-7（平裝）
1. 鬼谷子　2. 研究考訂　3. 謀略
121.887　　98003752

（鑑往知來 10）
『鬼谷子』給現代人的啟示

主 編 者／陳　羲
發 行 人／蔡 森 明
出 版 者／大展出版社有限公司
社　　址／台北市北投區（石牌）致遠一路 2 段 12 巷 1 號
電　　話／(02) 28236031・28236033・28233123
傳　　真／(02) 28272069
郵政劃撥／01669551
網　　址／www.dah-jaan.com.tw
E-mail／service@dah-jaan.com.tw
登 記 證／局版臺業字第 2171 號
承 印 者／國順文具印刷行
裝　　訂／建鑫裝訂有限公司
排 版 者／千兵企業有限公司
初版1刷／2009 年（民 98 年）　5 月

定　價／220 元

大展好書　好書大展

品嘗好書　冠群可期

大展好書　好書大展

品嘗好書　冠群可期